L6⁵⁵ 5.

I

DISCOURS ET PROCLAMATIONS

DE

LOUIS - NAPOLÉON BONAPARTE,

PRÉSIDENT DE LA RÉPUBLIQUE.

IMPRIMERIE DE COSSE ET J. DUMAINE,
RUE CHRISTINE, 2.

LOUIS-NAPOLÉON-BONAPARTE

Président de la République.

DISCOURS
ET
PROCLAMATIONS

DE

LOUIS-NAPOLÉON BONAPARTE,

Président de la République.

Depuis son retour en France jusqu'au 1ᵉʳ janvier 1850.

PARIS,
LIBRAIRIE MILITAIRE DE J. DUMAINE,
(Ancienne Maison Anselin)
RUE ET PASSAGE DAUPHINE, 36.
—
1850.

DISCOURS ET PROCLAMATIONS

DE

LOUIS-NAPOLÉON BONAPARTE,

Président de la République.

Quelques jours avant le vote du 10 décembre, le Président de la République avait adressé à ses concitoyens le manifeste suivant :

LOUIS-NAPOLÉON BONAPARTE

A SES CONCITOYENS.

Pour me rappeler de l'exil, vous m'avez nommé représentant du peuple. A la veille d'élire le premier magistrat de la République, mon nom se présente à vous comme symbole d'ordre et de sécurité.

Ces témoignages d'une confiance si honorable s'adressent, je le sais, bien plus à ce nom qu'à moi-même, qui n'ai rien fait encore pour mon pays; mais plus la mémoire de l'Empereur me protége et inspire vos suffrages, plus je me sens obligé de vous faire connaître mes sentiments et mes principes. Il ne faut pas qu'il y ait d'équivoque entre vous et moi.

Je ne suis pas un ambitieux qui rêve tantôt l'Empire et la guerre, tantôt l'application de théories subversives. Elevé dans les pays libres, à l'école du malheur, je resterai toujours fidèle aux devoirs que m'imposeront vos suffrages et les volontés de l'Assemblée.

Si j'étais nommé Président, je ne reculerais devant aucun danger, devant aucun sacrifice pour défendre la société si audacieusement attaquée ; je me dévouerais tout entier, sans arrière-pensée, à l'affermissement d'une République sage par ses lois, honnête par ses intentions, grande et forte par ses actes.

Je mettrais mon honneur à laisser, au bout de quatre ans, à mon successeur, le pouvoir affermi, la liberté intacte, un progrès réel accompli.

Quel que soit le résultat de l'élection, je m'inclinerai devant la volonté du peuple, et mon concours est acquis d'avance à tout gouvernement juste et ferme qui rétablisse l'ordre dans les esprits comme dans les choses ; qui protége efficacement la religion, la famille, la propriété, bases éternelles de tout état social ; qui provoque les réformes possibles, calme les haines, réconcilie les partis, et permette ainsi à la patrie inquiète de compter sur un lendemain.

Rétablir l'ordre, c'est ramener la confiance, pourvoir par le crédit à l'insuffisance passagère des ressources, restaurer les finances.

Protéger la religion et la famille, c'est assurer la liberté des cultes et la liberté de l'enseignement.

Protéger la propriété, c'est maintenir l'inviolabilité des produits de tous les travaux ; c'est garantir l'indépendance et la sécurité de la possession, fondements indispensables de la liberté civile.

Quant aux réformes possibles, voici celles qui me paraissent les plus urgentes :

Admettre toutes les économies qui, sans désorganiser les services publics, permettent la diminution des impôts les plus onéreux au peuple; encourager les entreprises qui, en développant les richesses de l'agriculture, peuvent en France et en Algérie donner du travail aux bras inoccupés; pourvoir à la vieillesse des travailleurs par des institutions de prévoyance; introduire dans nos lois industrielles les améliorations qui tendent, non à ruiner le riche au profit du pauvre, mais à fonder le bien-être de chacun sur la prospérité de tous;

Restreindre dans de justes limites le nombre des emplois qui dépendent du pouvoir, et qui souvent font d'un peuple libre un peuple de solliciteurs;

Éviter cette tendance funeste qui entraîne l'État à exécuter lui-même ce que les particuliers peuvent faire aussi bien et mieux que lui. La centralisation des intérêts et des entreprises est dans la nature du despotisme. La nature de la République repousse le monopole;

Enfin, préserver la liberté de la presse des deux excès qui la compromettent toujours : l'arbitraire et sa propre licence.

Avec la guerre, point de soulagement à nos maux. La paix serait donc le plus cher de mes désirs. La France, lors de sa première révolution, a été guerrière parce qu'on l'avait forcée de l'être. A l'invasion, elle répondit par la conquête. Aujourd'hui qu'elle n'est pas provoquée, elle peut consacrer ses ressources aux améliorations pacifiques, sans renoncer à une politique loyale et résolue. Une grande nation doit se taire, ou ne jamais parler en vain.

Songer à la dignité nationale, c'est songer à l'armée,

dont le patriotisme si noble et si désintéressé a été souvent méconnu. Il faut, tout en maintenant les lois fondamentales qui font la force de notre organisation militaire, alléger et non aggraver le fardeau de la conscription. Il faut veiller au présent et à l'avenir, non-seulement des officiers, mais aussi des sous-officiers et des soldats, et préparer aux hommes qui ont servi longtemps sous les drapeaux une existence assurée.

La République doit être généreuse et avoir foi dans son avenir; aussi, moi qui ai connu l'exil et la captivité, j'appelle de tous mes vœux le jour où la patrie pourra sans danger faire cesser toutes les proscriptions et effacer les dernières traces de nos discordes civiles.

Telles sont, mes chers concitoyens, les idées que j'apporterais dans l'exercice du pouvoir, si vous m'appeliez à la présidence de la République.

La tâche est difficile, la mission immense, je le sais! Mais je ne désespérerais pas de l'accomplir en conviant à l'œuvre, sans distinction de parti, les hommes que recommandent à l'opinion publique leur haute intelligence et leur probité.

D'ailleurs, quand on a l'honneur d'être à la tête du peuple français, il y a un moyen infaillible de faire le bien : c'est de le vouloir.

Louis-Napoléon BONAPARTE.

10 *décembre* 1848.—Cinq millions et demi de suffrages appellent Louis-Napoléon Bonaparte à la présidence de la République.

20 *déc.*—Louis-Napoléon Bonaparte est proclamé par l'Assemblée nationale. Il prononce à la tribune le discours suivant :

Citoyens Représentants,

Les suffrages de la nation et le serment que je viens de prêter commandent ma conduite future. Mon devoir est tracé ; je le remplirai en homme d'honneur.

Je verrai des ennemis de la patrie dans tous ceux qui tenteraient de changer, par des voies illégales, ce que la France entière a établi.

Entre vous et moi, citoyens Représentants, il ne saurait y avoir de véritables dissentiments. Nos volontés, nos désirs sont les mêmes.

Je veux, comme vous, rasseoir la société sur ses bases, affermir les institutions démocratiques, et rechercher tous les moyens propres à soulager les maux de ce peuple généreux et intelligent qui vient de me donner un témoignage si éclatant de sa confiance.

La majorité que j'ai obtenue, non-seulement me pénètre de reconnaissance, mais elle donnera au Gouvernement nouveau la force morale sans laquelle il n'y a pas d'autorité.

Avec la paix et l'ordre, notre pays peut se relever, guérir ses plaies, ramener les hommes égarés et calmer les passions.

Animé de cet esprit de conciliation, j'ai appelé près de moi des hommes honnêtes, capables et dévoués au pays, assuré que, malgré les diversités d'origine politique, ils sont d'accord pour concourir avec vous à l'application de la Constitution, au perfectionnement des lois, à la gloire de la République.

La nouvelle administration, en entrant aux affaires, doit remercier celle qui la précède des efforts qu'elle a faits pour transmettre le pouvoir intact, pour maintenir la tranquillité publique.

La conduite de l'honorable général Cavaignac a été digne de la loyauté de son caractère et de ce sentiment du devoir qui est la première qualité du chef d'un État.

Nous avons, citoyens Représentants, une grande mission à remplir : c'est de fonder une République dans l'intérêt de tous et un Gouvernement juste, ferme, qui soit animé d'un sincère amour du progrès, sans être réactionnaire ou utopiste.

Soyons les hommes du pays, non les hommes d'un parti, et, Dieu aidant, nous ferons du moins le bien, si nous ne pouvons faire de grandes choses.

3 *février*.—Revue passée au Champ-de-Mars des troupes de la 2ᵉ division de l'armée de Paris.

Distribution de décorations à des officiers et soldats.

Le Président prononce à cette occasion les paroles suivantes :

« Les décorations que j'ai à distribuer aujourd'hui sont en petit nombre, mais elles n'en sont que plus honorables pour ceux qui les ont obtenues.

« La croix de la Légion-d'Honneur a été trop souvent prodiguée sous les gouvernements qui m'ont précédé.

« Il n'en sera plus ainsi désormais.

« Je veux faire en sorte que la décoration de la Légion-d'Honneur ne soit plus que la récompense directe des services rendus à la patrie, et qu'elle ne soit décernée qu'au mérite incontesté.

« C'est ainsi, Messieurs, que j'espère rendre à cette institution tout son glorieux prestige. »

19 *févr.*—Le Président de la République passe en revue 26,000 hommes de troupes réunies au Champ-de-Mars. A la suite de cette revue il adresse au général Changarnier la lettre suivante :

« Mon cher Général,

« Je vous prie de témoigner aux divers corps dont j'ai passé la revue aujourd'hui, ma vive satisfaction pour leur belle tenue, et toute ma reconnaissance pour leur accueil sympathique.

« Avec de semblables soldats notre jeune République ressemblerait bientôt à son aînée, celle de Marengo et de Hohenlinden, si les étrangers nous y forçaient. Et à l'intérieur, si les anarchistes relevaient leur drapeau, ils seraient aussitôt réduits à l'impuissance par cette armée toujours fidèle au devoir et à l'honneur.

« Faire l'éloge des troupes, c'est faire l'éloge du chef qui les commande.

« Veuillez bien, mon cher Général, lever les punitions pour fautes de discipline.

« Je suis heureux de cette nouvelle occasion de vous exprimer mes sentiments particuliers de haute estime et d'amitié.

Louis-Napoléon BONAPARTE.

25 *févr.*—Inauguration du chemin de fer de Compiègne à Noyon.

Le Président prononce le discours suivant :

« Je vous remercie, monsieur le Maire, des paroles que

vous venez de faire entendre, et de l'accueil que me fait avec vous la ville de Noyon.

« Les espérances qu'à fait concevoir au pays mon élection ne seront point trompées ; je partage ses vœux pour l'affermissement de la République ; j'espère que tous les partis qui ont divisé le pays depuis quarante ans y trouveront un terrain neutre où ils pourront se donner la main pour la grandeur et la prospérité de la France. »

10 *avril*. — Le Président de la République adresse au prince Napoléon-Jérôme, ambassadeur à Madrid, la lettre suivante :

Élysée-National, le 10 avril.

« Mon cher Cousin,

« On prétend qu'à ton passage à Bordeaux tu as tenu un langage propre à jeter la division parmi les personnes les mieux intentionnées. Tu aurais dit « que, dominé par les
« chefs du mouvement réactionnaire, je ne suivais pas libre-
« ment mes inspirations ; qu'impatient du joug, j'étais prêt
« à le secouer, et que, pour me venir en aide, il fallait, aux
« élections prochaines, envoyer à la Chambre des hommes
« hostiles à mon Gouvernement plutôt que des hommes du
« parti modéré. »

« Une semblable imputation de ta part a le droit de m'étonner. Tu me connais assez pour savoir que je ne subirai jamais l'ascendant de qui que ce soit, et que je m'efforcerai sans cesse de gouverner dans l'intérêt des masses et non dans l'intérêt d'un parti. J'honore les hommes qui, par leur capacité et leur expérience, peuvent me donner de bons conseils. Je reçois journellement les avis les plus opposés, mais j'obéis aux seules impulsions de ma raison et de mon cœur.

« C'était à toi moins qu'à tout autre de blâmer en moi une politique modérée, toi qui désapprouvais mon manifeste, parce qu'il n'avait pas l'entière sanction des chefs du parti modéré. Or, ce manifeste, dont je ne me suis pas écarté, demeure l'expression consciencieuse de mes opinions. Le premier devoir était de rassurer le pays. Eh bien ! depuis quatre mois il continue à se rassurer de plus en plus. A chaque jour sa tâche : la sécurité d'abord, ensuite les améliorations.

« Les élections prochaines avanceront, je n'en doute pas, l'époque des réformes possibles, en affermissant la République par l'ordre et la modération. Rapprocher tous les anciens partis, les réunir, les réconcilier, tel doit être le but de nos efforts. C'est la mission attachée au grand nom que nous portons ; elle échouerait, s'il servait à diviser et non à rallier les soutiens du Gouvernement.

« Par tous ces motifs, je ne saurais approuver ta candidature dans une vingtaine de départements : car, songes-y bien, à l'abri de ton nom on veut faire arriver à l'Assemblée des candidats hostiles au Pouvoir, et décourager ses partisans dévoués, en fatiguant le peuple par des élections multiples qu'il faudra recommencer.

« Désormais donc, je l'espère, tu mettras tous tes soins, mon cher Cousin, à éclairer sur mes intentions véritables les personnes en relation avec toi, et tu te garderas d'accréditer par des paroles inconsidérées les calomnies absurdes qui vont jusqu'à prétendre que de sordides intérêts dominent ma politique. Rien, répète-le très-haut, rien ne troublera la sérénité de mon jugement et n'ébranlera mes résolutions. Libre de toute contrainte morale, je marcherai dans le sentier de l'honneur, avec ma conscience pour guide, et lorsque je quitterai le Pouvoir, si l'on peut me reprocher des fautes fatalement inévitables, j'aurai fait du moins ce que je crois sincèrement mon devoir.

« Reçois, mon cher Cousin, l'assurance de mon amitié.

« Louis-Napoléon BONAPARTE. »

28 avril. — Visite à la maison d'éducation de la Légion-d'Honneur, à Saint-Denis. Le Président était accompagné du maréchal Molitor, grand-chancelier de la Légion-d'Honneur, du général Saint-Marc, secrétaire général de la chancellerie et de trois officiers d'ordonnance. La surintendante, les dames dignitaires et les institutrices, revêtues des insignes de l'ordre, lui font visiter toutes les parties de ce bel établissement.

Dans une courte allocution, l'aumônier le remercie de la visite qu'il venait de faire à une institution fondée par l'Empereur, et où tout rappelle sa munificence et ses bienfaits. Le Président répond en ces termes :

« Je suis profondément touché des paroles que je viens d'entendre, et c'est avec une bien vive émotion que je revois ces lieux que j'ai visités fréquemment avec ma mère, qui en était une des protectrices. A une époque où l'on attaque si vivement les idées de famille, il importe qu'une éducation sage et solide, comme celle que l'on reçoit ici, développe chez ces jeunes enfants les éternels principes de morale, d'ordre et de travail, qui en feront un jour de bonnes mères de famille. C'est en élevant avec soin la génération actuelle, que nous parviendrons enfin à donner le repos à la France et à consolider nos institutions. »

4 mai. — Célébration du 1ᵉʳ anniversaire de la proclamation de la Constitution.

M. le Président de la République assiste à un banquet donné par la ville de Paris, à l'occasion de cette solennité : tous les grands fonctionnaires de l'Etat y sont invités.

M. le Préfet de la Seine porte le toast suivant à la République et au Président de la République :

« C'est un jour d'union et de patriotisme dont nous célébrons aujourd'hui l'anniversaire. Les Représentants du peuple, chargés de donner une Constitution au pays, ont commencé leurs travaux en sanctionnant, avec une libre et éclatante unanimité, l'institution républicaine.

« La fête de la République est en même temps la fête de la Concorde et de la Loi.

« La Concorde, but sans cesse poursuivi à travers tant de révolutions, et que nous atteindrons, j'espère, maintenant que la volonté de la nation entière apparaît, sans contestation possible, derrière tout pouvoir public.

« La Loi, unique souverain des républiques, souverain qui ne périt pas, qui n'éprouve ni passion, ni partialité, et dont chacun doit s'honorer d'être le sujet.

« Je suis heureux de pouvoir, au nom du corps municipal de Paris, saluer ici, à l'Hôtel-de-Ville, berceau de notre jeune République, le mémorable anniversaire du 4 mai.

« Puissent tous les bons citoyens, imitant l'exemple de notre premier magistrat, de l'élu du 10 décembre, affermir et perpétuer la République par le respect des lois et de nos institutions, par l'esprit de fermeté dans la modération, de courage dans le patriotisme, qui sont la source de toute prospérité et de toute grandeur ! »

M. le Président de la République a répondu :

« Je suis heureux d'entendre à l'Hôtel-de-Ville M. le Préfet de la Seine associer mon nom à la prospérité de la République.

« Je remercie les membres du corps municipal de m'avoir appelé au milieu d'eux pour fêter en commun un grand anniversaire. C'est qu'ils sont convaincus, comme le peuple qui m'a élu, de mon dévouement aux grands principes de notre révolution, principes que l'ordre, la loyauté et la fermeté du Gouvernement peuvent seuls consolider. Que la ville de Paris reçoive donc ici mes remerciements et l'hommage de mon sincère attachement.

« *A la ville de Paris !* »

7 et 8 mai.— Dans la séance de nuit du 7 au 8 mai, l'Assemblée constituante prend la résolution suivante :

« L'Assemblée nationale invite le Gouvernement à pren-
« dre les mesures nécessaires pour que l'expédition d'Italie
« ne soit pas plus longtemps détournée du but qui lui était
« assigné. »

A l'occasion de ce vote, le Président de la République adresse au général Oudinot, commandant en chef de l'armée expéditionnaire d'Italie, la lettre suivante :

« Mon cher Général,

« La nouvelle télégraphique qui annonce la résistance imprévue que vous avez rencontrée sous les murs de Rome m'a vivement peiné. J'espérais, vous le savez, que les habi-

Visite de Louis Napoléon Bonaparte à la forteresse de Ham.

tants de Rome, ouvrant les yeux à l'évidence, recevraient avec empressement une armée qui venait accomplir chez eux une mission bienveillante et désintéressée.

« Il en a été autrement; nos soldats ont été reçus en ennemis : notre honneur militaire est engagé; je ne souffrirai pas qu'il reçoive aucune atteinte. Les renforts ne vous manqueront pas. Dites à vos soldats que j'apprécie leur bravoure, que je partage leurs peines, et qu'ils pourront toujours compter sur mon appui et sur ma reconnaissance.

« Recevez, mon cher général, l'assurance de ma haute estime.

« Louis-Napoléon BONAPARTE. »

7 *juin*.—Message du Président de la République à l'Assemblée législative.

MESSAGE DU PRÉSIDENT DE LA RÉPUBLIQUE.

Messieurs les Représentants,

La Constitution prescrit au Président de la République de vous présenter chaque année l'exposé de l'état général des affaires du pays.

Je me conforme à cette obligation qui me permet, en vous soumettant la vérité dans toute sa simplicité, les faits dans ce qu'ils ont d'instructif, de vous parler aussi de ma conduite passée et de mes intentions pour l'avenir.

Mon élection à la première magistrature de la République avait fait naître des espérances qui n'ont point encore pu toutes se réaliser.

Jusqu'au jour où vous vous êtes réunis dans cette enceinte, le pouvoir exécutif ne jouissait pas de la plénitude de ses prérogatives constitutionnelles. Dans une telle position, il lui était difficile d'avoir une marche bien assurée.

Néanmoins, je suis resté fidèle à mon manifeste.

A quoi, en effet, me suis-je engagé en acceptant les suffrages de la nation?

A défendre la société audacieusement attaquée;

A affermir une République sage, grande, honnête;

A protéger la famille, la religion, la propriété;

A provoquer toutes les améliorations et toutes les économies possibles;

A protéger la presse contre l'arbitraire et la licence;

A diminuer les abus de la centralisation;

A effacer les traces de nos discordes civiles;

Enfin, à adopter à l'extérieur une politique sans arrogance comme sans faiblesse.

Le temps et les circonstances ne m'ont point encore permis d'accomplir tous ces engagements, cependant de grands pas ont été faits dans cette voie.

Le premier devoir du Gouvernement était de consacrer tous ses efforts au rétablissement de la confiance qui ne pouvait être complète que sous un pouvoir définitif. Le défaut de sécurité dans le présent, de foi dans l'avenir, détruit le crédit, arrête le travail, diminue les revenus publics et privés, rend les emprunts impossibles et tarit les sources de la richesse.

Avant d'avoir ramené la confiance, on aurait beau recourir à tous les systèmes de crédit, comme aux expédients les plus révolutionnaires, on ne ferait pas renaître l'abondance là où la crainte et la défiance du lendemain ont produit la stérilité.

Notre politique étrangère elle-même ne pouvait être à la hauteur de notre puissance passée, qu'autant que nous aurions reconstitué à l'intérieur ce qui fait la force des nations : l'union des citoyens, la prospérité des finances.

Pour atteindre ce but, le Gouvernement n'a eu qu'à suivre une marche ferme et résolue, en montrant à tous que, sans sortir de la légalité, il emploierait les moyens les plus énergiques pour rassurer la société.

Partout aussi il s'efforça de rétablir le prestige de l'autorité, en mettant tous ses soins à appeler aux fonctions publiques les hommes qu'il jugeait les plus honnêtes et les plus capables, sans s'arrêter à leurs antécédents politiques.

C'est encore afin de ne pas inquiéter les esprits que le Gouvernement a dû ajourner le projet de rendre la liberté aux victimes de nos discordes civiles. Au seul mot d'amnistie, l'opinion publique s'est émue en sens divers; on a craint le retour de nouveaux troubles; néanmoins, j'ai usé d'indulgence partout où elle n'a pas eu d'inconvénient.

Les prisons se sont déjà ouvertes à 1,570 transportés de juin, et bientôt les autres seront mis en liberté sans que la société ait rien à en redouter; quant à ceux qui, en vertu des décisions des conseils de guerre, subissent leurs peines aux bagnes, quelques-uns d'entre eux, pouvant être assimilés aux condamnés politiques, seront placés dans des maisons de détention.

La marche suivie avait en assez peu de temps rétabli la confiance; les affaires avaient repris un grand essor, les caisses d'épargne se remplissaient. Depuis la fin de janvier le produit des contributions indirectes et des douanes n'avait pas cessé de s'accroître et s'était rapproché, en avril, des temps les plus prospères. Le Trésor avait retrouvé le crédit dont il a besoin, et la ville de Paris avait pu contracter un emprunt dont le taux avoisine le pair, négociation qui rappelait l'époque où la confiance était le mieux affermie. Les demandes en autorisation de sociétés anonymes se multipliaient, le nombre des brevets d'invention augmentait de jour en jour ; le prix des offices, le taux de toutes les valeurs, qui avaient subi une dépréciation si grande, se relevait graduellement ; enfin, dans toutes les villes manufacturières, le travail avait recommencé, et les étrangers affluaient de nouveau à Paris ; ce mouvement heureux, arrêté un moment par l'agitation électorale, reprendra son cours à l'aide de l'appui que vous prêterez au Gouvernement.

Finances.

Quoique les affaires commerciales et industrielles aient repris en grande partie, l'état de nos finances est loin d'être satisfaisant.

Le poids d'engagements hasardeux contractés par le dernier Gouvernement a nécessité, durant le cours de l'année 1848, une liquidation qui a ajouté à la dette publique 56,501,800 fr. de rentes nouvelles.

D'un autre côté, les dépenses extraordinaires que la révolution de février a entraînées ont produit un surcroît de charges qui, toute compensation faite, s'est élevé pour l'année 1848 à 265,498,428 fr., et, malgré les ressources additionnelles dues au produit de l'impôt des 45 centimes et aux emprunts négociés, l'exercice laissera un déficit de 72,160,000 fr.

L'année 1849 devait, d'après les combinaisons du budget

qui s'y rapportait, laisser un découvert de 25 millions; mais les faits n'ont pas répondu aux calculs, et des changements considérables se sont accomplis sous l'empire des circonstances. Des impôts nouveaux, dont le produit est évalué à plus de 90 millions, n'ont pas été votés; d'autre part, non-seulement l'impôt du sel a été réduit des deux tiers, mais les revenus de la taxe des lettres sont descendus fort au-dessous du chiffre qu'on espérait trouver, et le déficit prévu s'élèvera à environ 180 millions.

Un autre fait inattendu est venu aggraver la situation. L'impôt sur les boissons, dont le produit dépasse 100 millions, demandait à être adouci et simplifié par une forme nouvelle qui le mît en harmonie avec l'esprit de nos institutions; un amendement rattaché au budget de 1849 l'a aboli à partir du 1er janvier 1850, et en a prescrit le remplacement.

Il est devenu indispensable maintenant de rétablir l'équilibre entre les dépenses et les recettes; on n'y peut parvenir qu'en réduisant les dépenses et en ouvrant de nouvelles sources de revenu.

Cet état de nos finances mérite d'être pris en sérieuse considération. Ce qui doit nous consoler néanmoins et nous encourager, c'est de constater les éléments de force et de richesse que renferme notre pays.

Garde nationale.

La garde nationale, qui s'est montrée presque partout animée du sentiment de ses devoirs, compte aujourd'hui près de quatre millions d'hommes dont 1,200,000 sont armés de fusils ou de mousquetons.

Elle possède 500 canons.

L'organisation de 300 bataillons de gardes nationaux mobilisables est préparée conformément au décret du 22 juillet dernier.

Quant à la garde mobile, engagée pour une seule année en 1848, sa réorganisation, au mois de janvier dernier, fit descendre l'effectif de 12,000 à 6,000 hommes, ce qui a produit une économie de 7 millions.

Armée.

L'armée, toujours fidèle à l'honneur et à son devoir, a continué, par son attitude ferme et inébranlable, à contenir les mauvaises passions à l'intérieur et à donner à l'extérieur une juste idée de notre force.

Nous avons maintenant sous les armes un total de 451,000 hommes et de 93,754 chevaux.

Nous possédons 16,495 bouches à feu de toute espèce, dont 13,770 en bronze ; les bouches à feu de campagne sont au nombre de 5,139.

C'est aussi à notre armée que l'Algérie doit le repos dont elle jouit ; une certaine agitation s'était manifestée chez les Arabes et les Kabyles ; mais des opérations bien combinées et bien exécutées y ont promptement rétabli l'ordre et la sécurité : notre influence s'en est accrue.

Les travaux du port d'Alger et ceux qui ont pour but de créer ou d'améliorer nos voies de communication se poursuivent avec l'activité permise par les allocations budgétaires.

La colonisation privée témoigne, par l'état des récoltes de cette année même, qu'elle est en voie de progrès.

L'installation et le développement des colonies agricoles se continuent avec zèle et persévérance.

Marine.

Notre flotte, qui protège nos colonies et fait respecter notre pavillon sur toutes les mers, se compose :

De la flotte active à voiles, comprenant 10 vaisseaux de ligne, 8 frégates, 18 corvettes, 24 bricks, 12 transports et 24 bâtiments légers;

De la flotte active à vapeur, qui est de 14 frégates, 13 corvettes et 34 avisos.

En dehors de la flotte active se trouvent les bâtiments en disponibilité de rade et en commission de port. C'est une réserve prête à agir dans le plus bref délai. Cette réserve se compose de 10 vaisseaux, 15 frégates à voiles, 10 frégates à vapeur, 6 corvettes et 6 avisos également à vapeur.

L'armement de ces bâtiments réclame le concours de 958 officiers de vaisseau de tout grade, les aspirants non compris, et un effectif de marins dont le chiffre ne s'élève pas à moins de 28,500 hommes.

Aucun trouble sérieux ne s'est manifesté au sein de la société coloniale qui, désormais, repose sur la solide base de l'égalité civile et politique. Au bienfait de la liberté pour les noirs est venu s'ajouter la compensation d'une indemnité pour les colons. Une équitable répartition sera, il faut l'espérer, un élément de paix, de travail et de prospérité.

En restant, autant qu'il sera possible, dans les prévisions du budget voté de 1849, le Gouvernement espère continuer à maintenir intact l'établissement naval et colonial, jusqu'à ce qu'il puisse en proposer l'amélioration et le développement à l'Assemblée législative.

Agriculture, industrie et commerce.

L'agriculture, cette source de toutes les richesses, a reçu

tous les encouragements qu'il était possible de lui donner en si peu de temps.

Depuis le 20 décembre dernier, vingt et une fermes-écoles ont été créées et forment, avec les vingt-cinq déjà existantes, le premier degré de l'enseignement agricole. D'autres seront établies.

Les instituts de la Saulsaie et de Grand-Jouan ont pris rang d'écoles régionales, et fonctionnent aujourd'hui comme établissements de l'État, d'après les prescriptions de la loi du 3 octobre.

L'administration s'est fait mettre en possession des fermes renfermées dans le petit parc de Versailles, destiné à l'institut national agronomique.

Cent vingt-deux sociétés d'agriculture et plus de trois cents comices ont pris part à la répartition des fonds votés pour l'encouragement de l'agriculture.

Par arrêté du 25 avril 1849, une commission d'hommes spéciaux et dévoués s'est mise à l'étude de la question des colonies agricoles. Le désir du Gouvernement était de trouver le moyen le plus efficace de venir au secours des classes laborieuses en ramenant les ouvriers des villes aux travaux de la campagne, et, d'après l'exemple des autres pays dont les documents ont été réunis, d'utiliser, au profit des pauvres, la mise en valeur des terres incultes.

L'organisation des haras nationaux a été profondément modifiée par l'arrêté du 11 décembre 1848.

L'industrie chevaline est en progrès; elle a partout repris sa marche, et toutes les institutions qui en découlent et qui s'étaient crues menacées sont revenues à leur niveau.

Le bon emploi du crédit de 500,000 fr. alloué pour la remonte des établissements n'a pas été étranger à ce résultat.

Jamais la remonte n'a été ni aussi considérable ni aussi brillante que cette année.

La situation des subsistances est satisfaisante; la récolte de 1848, bien que moins abondante que celle qui l'a précédée, offre cependant des ressources supérieures aux besoins du pays.

Les renseignements parvenus sur l'état des récoltes en terre sont très-favorables : c'est une consolation, au milieu de toutes nos épreuves, de voir l'abondance des produits promettre à nos populations le bon marché des denrées alimentaires.

L'exposition des produits de l'industrie, qui exerce une influence heureuse sur le maniement des affaires, s'est ouverte le 4 juin : le nombre des exposants inscrits s'était élevé à 3,919; il dépasse, cette année, le chiffre de 4,000.

L'exécution de la loi sur les associations ouvrières se poursuit et touche à son terme. Sur 600 demandes parvenues au département du commerce, il ne reste aujourd'hui à statuer que sur 80. Des 3 millions votés, il a été alloué 2,292,000 fr. à 47 associations.

Les chambres consultatives et les chambres de commerce vont être constituées sur des bases nouvelles.

Le commerce extérieur de la France s'était élevé, en 1847, à la somme totale de 2 milliards 614 millions, 1,343 millions à l'importation et 1,271 à l'exportation.

Rudement éprouvée par les événements politiques, l'année 1848 a vu, comme on pouvait s'y attendre, décroître considérablement le commerce français. On n'en saurait indiquer exactement la valeur, l'administration des douanes n'étant pas encore en mesure d'en déterminer le chiffre ; mais on ne peut douter que ce chiffre se trouvera réduit dans une proportion très-notable. La mise en consommation des matières nécessaires à l'industrie, en effet, a beaucoup perdu : celle des fontes est tombée de 95,941 tonnes à 45,553 ; la houille, de 2,173,000 tonnes à 1,796,000 ; la laine, de 138,000 quintaux à 80,962 ; la soie, de 15,000 à 7,688, etc.

Un élément, au reste, permettra de juger assez exactement des variations qu'a subies notre commerce extérieur en 1848 : c'est la recette des douanes.

En 1847, elle avait donné en moyenne mensuelle environ 11 millions.

Durant les mois de janvier et février 1848, elle produit une moyenne de 8,700,000 francs. A partir de mars, et pour chacun des trois mois suivant, elle va s'affaiblissant, et ne donne plus, en moyenne, qu'environ 5 millions ; durant les mois de juillet, août et septembre, la moyenne se relève un peu au-dessus de 8 millions ; enfin, pour les mois d'octobre, novembre et décembre, elle atteint le chiffre de 9 millions, c'est-à-dire près du double de ce qu'avaient produit les mois les plus agités de l'exercice.

Il était facile de voir que, dans le cours du dernier trimestre, et à mesure que le pays approchait du moment où le pouvoir allait se trouver régulièrement et définitivement constitué, la marche des affaires commerciales s'améliorait en même temps que se raffermissait la confiance publique.

Cette influence s'est fait principalement sentir sur nos exportations. Presque tous les articles avaient, durant le 1er semestre, éprouvé de fortes pertes : à l'aide de l'élévation et de l'extension des primes (décret du 10 juin 1848), elles reprennent une activité qui se fait particulièrement remarquer vers la fin de l'année. A cette époque, la diminu tion disparaît pour la majeure partie des articles; pour certains même, comme les *vins*, les *eaux-de-vie*, les *soieries* et les *toiles*, il y a, comparativement à 1847, quelque accroissement.

Mais c'est en examinant les résultats des premiers mois de 1849, qu'on aperçoit plus évidemment encore ce mouvement améliorateur.

Si, en janvier et février, on trouve des différences en moins assez sensibles, comparativement aux mois correspondants de 1848, l'avantage en mars et avril passe, pour la plupart des marchandises importées et exportées, du côté de 1849. Ainsi, pour citer quelques-uns de ces articles qui alimentent plus spécialement le travail industriel, le coton, au 30 avril, donne 21 millions de kil. au lieu de 13; la houille, 567,000 tonnes au lieu de 447,000; la laine, 45,765 quintaux au lieu de 21,480; le sucre brut, 26 millions de kil. au lieu de 16; l'indigo, 394,000 kil. au lieu de 289,800; le bois d'acajou, 700,000 kil. au lieu de 505,000, et, enfin, la recette des douanes au 30 avril 1849 s'élève à 39 millions de francs, au lieu de 26,787,000 qu'elle avait donnés à pareille époque de 1848; et ce qui prouve que l'amélioration s'est continuée en mai, malgré les agitations qui ont affecté ce mois, c'est qu'il a donné 5 millions et demi de plus que celui de 1847, et que Paris a vu, comparativement aussi à mai 1848, s'élever de 6 millions le chiffre de ses exportations.

Le décret qui avait temporairement élevé le taux des primes de sortie ayant cessé d'être en vigueur à partir du 1er janvier 1849, on eût pu croire que nos exportations allaient, à dater de ce moment, se ralentir, et que cette mesure législative aurait, sous ce rapport, escompté en 1848 les bénéfices de 1849; il n'en a rien été : nos tissus de toute sorte montraient, au 31 mai dernier, un accroissement très-marqué, et il en était de même de nos sucres raffinés, de nos peaux ouvrées, de nos verreries, etc..

En résumé, la situation du commerce français, vivement compromise pendant une grande partie de l'année 1848, s'est un peu améliorée vers la fin de cet exercice et a pris une marche positivement ascendante depuis le commencement de 1849. C'est un résultat qui, en assurant au présent des avantages certains, semble être aussi une garantie de sécurité pour l'avenir.

La question de la réforme pénitentiaire, la question du travail dans les prisons, se rattachent aux intérêts de l'industrie. Chacun des systèmes a été particulièrement étudié; le rétablissement de la discipline est l'objet d'efforts persévérants, et une idée préoccupe surtout l'administration, celle de la part qu'il conviendrait peut-être d'accorder à l'agriculture dans la réorganisation des travaux des condamnés.

Le nombre des prisons départementales est de	400
Celui des maisons centrales, de	21
Établissements ou quartiers d'éducation correctionnelle pour les jeunes détenus	12
Colonies agricoles fondées par le Gouvernement	5
Idem administrées par des particuliers	7
TOTAL	445

Au 1ᵉʳ janvier 1848, la population s'élevait dans les prisons départementales à	26,653
Dans les maisons centrales, à	17,789
Dans les établissements et colonies de jeunes détenus, à	3,600
TOTAL	48,042

Actuellement on compte en France plus de 1,300 établissements publics pour les malades, les vieillards, les enfants, etc., dont les revenus annuels dépassent la somme de 53,000,000 francs.

Il faut y ajouter près de 8,000 bureaux de bienfaisance pour la distribution de secours à domicile, qui possèdent environ 13,500,000 francs de revenus ordinaires.

Enfin, d'autres services charitables, relatifs aux monts-de-piété, aux enfants trouvés, aux aliénés indigents, aux sourds-muets et aux aveugles, emploient au soulagement des infortunes des sommes qui s'élèvent à près de 50,000,000 fr. C'est donc environ 116 millions par an qui sont consacrés à l'assistance publique, sans compter les charités privées, dont il est impossible de calculer l'importance, même approximativement.

Mais ces secours, tout immenses qu'ils paraissent, sont encore trop faibles si on les compare à la masse des besoins. Le Gouvernement le sait, et il a la ferme volonté de pourvoir à cette insuffisance.

Les mesures qui peuvent intéresser la santé publique ont été prises sur tous les points de la France. Des comités d'hygiène et de salubrité ont été institués ; leur organisation promet, dans un avenir prochain, d'heureux résultats, et dès aujourd'hui assurent d'utiles secours aux populations envahies par le choléra.

Les crédits votés par l'Assemblée nationale ont permis de venir en aide aux communes atteintes et dont les ressources étaient insuffisantes pour procurer aux familles pauvres les secours dont elles avaient besoin en présence de l'épidémie.

Travaux publics.

Malgré l'avantage qu'il y aurait eu à augmenter les travaux publics, afin d'employer tous les bras oisifs, l'état de nos finances engagea l'Assemblée constituante à décréter des réductions considérables, qui ont porté sur l'achèvement des routes, l'entretien et les dotations spéciales affectées aux réparations des principales rivières et des ports maritimes.

Nos 4,800 kilomètres de canaux ont eu à supporter des réductions analogues.

Les deux nouveaux canaux même, commencés suivant un décret de l'Assemblée, le premier entre Nogent et Marcilly, le second dérivé de la Sauldre pour l'assainissement de la Sologne, ont été interrompus faute de crédits, quoique le but eût été d'offrir aux ouvriers un salaire assuré.

Cependant, deux des lignes les plus importantes n'ont pas été abandonnées et touchent presque à leur fin : ce sont le canal de la Marne au Rhin et le canal latéral à la Garonne.

Quant aux chemins de fer exécutés par l'État, on avait déjà dépensé, au 31 décembre 1847, pour les lignes construites, près de 800 millions.

D'après les évaluations des ingénieurs, il restait encore à dépenser, pour les terminer, une somme de 350 millions. La crise financière a forcé de réduire successivement cette somme jusqu'à 46 millions.

Le réseau du Nord a été accru, au mois de mars, d'une section comprise entre Creil et Noyon.

Le chemin qui borde la rive gauche de la Loire a été prolongé jusqu'à Saumur.

Dans les chemins du Centre, on s'est avancé jusqu'à Nérondes.

Sur la grande ligne entre Paris et Marseille, la section de Marseille à Avignon est ouverte. L'État administre provisoirement cette ligne, dont la compagnie concessionnaire a été légalement dépossédée.

D'Avignon à Lyon, aucun travail n'a été entrepris. Entre Lyon et Paris, l'État a repris la concession qu'il avait faite le 20 décembre 1845.

De Paris à Tonnerre et de Dijon à Châlon-sur-Saône, la voie de fer va être ouverte dans quelques semaines. Pour combler les lacunes de Tonnerre à Dijon et de Châlon à Lyon, il faut encore près de deux ans de travaux non interrompus.

Les contrées de l'Ouest n'ont obtenu qu'un seul tracé, celui qui joindra la capitale avec la ville de Rennes. La tête de cette ligne était l'un des deux chemins de Versailles ; la loi du 21 avril dernier rattache au chemin de la rive gauche les travaux complétement terminés entre Versailles et Chartres. Le transport des voyageurs commencera au 10 juillet, et dans huit mois le point extrême pourra être porté à la Loupe, et ouvrir ainsi un accès à la population du département de l'Orne.

L'exploitation des mines et celle des usines métallurgiques ont, malgré la crise commerciale de 1848, fait quelques progrès.

45 concessions nouvelles de mines ont été données, c'est-à-dire autant que les trois années précédentes réunies. Depuis le 1ᵉʳ janvier 1849, jusqu'au 19 mai, 10 autres concessions ont été accordées.

Les permissions d'usines ont suivi le même progrès. En 1847 il en avait été accordé 36 ; pour 1848 on en compte 55 ; enfin 19 depuis le 1ᵉʳ janvier.

La carte géologique proprement dite est achevée et publiée.

Le crédit proposé au budget de l'exercice 1849 pour l'organisation d'un service hydraulique ayant pour but le dessèchement des terres insalubres n'ayant pas été admis, l'Administration a dû nécessairement se borner à organiser un servive spécial dans un certain nombre de départements où les conseils généraux avaient donné leur approbation à cette mesure.

L'industrie des bâtiments civils, qui occupe un grand nombre d'ouvriers et d'artistes, a souffert de notre état de crise.

L'Assemblée nationale s'est bornée à voter les crédits nécessaires à l'achèvement des constructions déjà entreprises depuis plusieurs années : aussi les travaux ont-ils été repris à la Sainte-Chapelle, à l'Ecole des mines, à la bibliothèque Sainte-Geneviève, à l'École polytechnique, à l'École vétérinaire de Lyon, etc., etc.

Le Gouvernement a pensé qu'il serait digne de la République d'achever le palais du Louvre, où seraient réunis toutes nos richesses littéraires et artistiques; il en a fait la demande à l'Assemblée nationale. Cette demande a été l'objet des études d'une commission qui n'a pas achevé son travail. Cette question importante sera de nouveau soumise à l'Assemblée.

Instruction publique.

Dès le début de son administration, le ministre de l'instruction publique a institué deux commissions pour préparer deux projets de lois sur l'enseignement primaire et sur l'enseignement secondaire, ayant pour but principal l'application immédiate et sincère du principe de liberté inscrit dans la Constitution. Le résultat de leurs laborieuses délibérations sera sans retard présenté à l'Assemblée.

Un projet de loi sur l'établissement de cours d'administration pratique dans chaque faculté de département a été présenté à l'Assemblée nationale. Elle n'a rien décidé. La

Carrousel de l'École de Cavalerie de Saumur.

question sera de nouveau posée devant l'Assemblée législative.

Deux arrêtés du Pouvoir exécutif, en date du 30 mai et du 16 août, avaient placé dans les attributions du ministère de l'instruction publique les établissements d'enseignement en Algérie, et Alger était devenu le siége d'une académie. Une commission, présidée par l'un de nos généraux les plus expérimentés, a été chargée d'étudier le moyen de répandre la connaissance de la langue arabe parmi les Européens, celle de la langue française parmi les indigènes.

L'administration des cultes n'a rencontré que des encouragements et des approbations dans le rapport de la commission du budget.

Des négociations ont été entamées avec la cour de Rome pour l'érection de trois siéges épiscopaux dans nos possessions coloniales. Cette mesure sera le complément de l'émancipation des noirs et achèvera d'assimiler les colonies à la métropole.

La rénovation des facultés de théologie catholique, conformément au vœu de l'Assemblée nationale, a également excité les préoccupations du Gouvernement. Une commission a élaboré un projet sur cette délicate question, qui touche aux intérêts les plus élevés de la religion, et, à ce titre, ne peut être utilement résolue sans la participation du pouvoir spirituel.

Des allocations considérables, en permettant d'élever le traitement des instituteurs et d'apporter une première amélioration à la position des desservants, témoignaient chez l'Assemblée de la ferme volonté de répondre aux besoins religieux et intellectuels des populations. Cette pensée de haute politique, d'équité et de religion, sera comprise et continuée sans doute par l'Assemblée législative.

Il y a aujourd'hui en France 68 établissements d'instruction supérieure et de 6,269 étudiants.

En dehors de l'École normale, qui reçoit 115 élèves, on compte 1,220 établissements d'instruction secondaire et 106,065 élèves. Il existe 56 lycées, 309 colléges communaux et 955 établissements particuliers.

Les écoles primaires reçoivent 2,176,079 garçons et 1,354,056 filles, ce qui donne un total de 3,530,135 élèves.

Ces détails sommaires vous prouveront, Messieurs, que 'Administration s'est acquittée avec zèle de ses devoirs. La révolution lui a imprimé une impulsion nouvelle ; et dans les diverses branches qui la composent, elle ne s'est pas bornée au simple accomplissement de ses fonctions, mais elle a cherché les moyens de répondre à l'attente publique, en préparant tous les projets d'amélioration qui seront soumis à l'Assemblée législative.

Affaires étrangères.

Il est dans la destinée de la France d'ébranler le monde lorsqu'elle se remue, de le calmer lorsqu'elle se modère. Aussi l'Europe nous rend-elle responsable de son repos ou de son agitation. Cette responsabilité nous impose de grands devoirs : elle domine notre situation.

Après février, le contre-coup de notre révolution se fit sentir depuis la Baltique jusqu'à la Méditerranée, et les hommes qui me précédèrent à la tête des affaires ne voulurent pas lancer la France dans une guerre dont on ne pouvait prévoir le terme : ils eurent raison.

L'état de civilisation en Europe ne permet de livrer son pays aux hasards d'une collision générale qu'autant qu'on a pour soi, d'une manière évidente, le droit et la nécessité. Un intérêt secondaire, une raison plus ou moins spécieuse d'influence politique, ne suffisent pas ; il faut qu'une nation comme la nôtre, si elle s'engage dans une lutte colossale, puisse justifier, à la face du monde, ou la grandeur de ses succès, ou la grandeur de ses revers.

Lorsque je parvins au pouvoir, de graves questions s'agitaient sur divers points de l'Europe. Au delà du Rhin comme au delà des Alpes, depuis le Danemark jusqu'en Sicile, il y avait pour nous un intérêt à sauvegarder, une influence à exercer. Mais cet intérêt et cette influence méritaient-ils, pour être énergiquement soutenus, qu'on courût les chances d'une conflagration européenne ? voilà la question : ainsi posée, elle est facile à résoudre.

Sous ce point de vue, dans toutes les affaires extérieures qui ont été le sujet des négociations que nous allons passer en revue, la France a fait ce qu'il était possible de faire pour l'intérêt de ses alliés, sans cependant recourir aux armes, cette dernière raison des gouvernements.

La Sicile, il y a près d'un an, s'était insurgée contre le roi de Naples. L'Angleterre et la France intervinrent avec leur flotte pour arrêter des hostilités qui prenaient le caractère du plus cruel acharnement, et, il faut le dire, quoique l'Angleterre eût plus d'intérêt dans cette question que la France elle-même, les deux amiraux s'unirent d'un commun accord pour obtenir du roi Ferdinand en faveur des Siciliens une amnistie complète et une constitution qui garantissait leur indépendance législative et administrative. Ils refusèrent. Les amiraux quittèrent la Sicile, forcés d'abandonner le rôle de médiateurs, et bientôt la guerre recommença. Un peu plus tard, ce même peuple, qui avait repoussé des conditions favorables, était obligé de se rendre à discrétion.

Au nord de l'Italie, une guerre sérieuse avait éclaté, et un moment, lorsque l'armée piémontaise poussa ses succès jusqu'au Mincio, l'on avait pu croire que la Lombardie recouvrerait son indépendance. La désunion fit promptement évanouir cet espoir, et le roi de Piémont fut obligé de se retirer dans ses États.

A l'époque de mon élection, la médiation de la France et de l'Angleterre avait été acceptée par les parties belligérantes. Il ne s'agissait plus que d'obtenir pour le Piémont les conditions les moins désavantageuses. Notre rôle était indiqué, commandé même. S'y refuser, c'était allumer une guerre européenne. Quoique l'Autriche n'eût envoyé aucun négociateur à Bruxelles, lieu indiqué de la conférence, le Gouvernement français conseilla au Piémont de résister au mouvement qui l'entraînait à la guerre et de ne pas recommencer une lutte trop inégale.

Ce conseil ne fut pas suivi, vous le savez. Et après une nouvelle défaite, le roi de Sardaigne conclut directement avec l'Autriche un nouvel armistice.

Quoique la France ne fût pas responsable de cette conduite, elle ne pouvait pas permettre que le Piémont fût écrasé, et du haut de la tribune, le Gouvernement déclara qu'il maintiendrait l'intégrité du territoire d'un pays qui couvre une partie de nos frontières. D'un côté, il s'est efforcé de modérer les exigences de l'Autriche demandant une indemnité de guerre qui parut exorbitante; de l'autre, il a engagé le Piémont à faire de justes sacrifices pour obtenir une paix honorable. Nous avons tout lieu de croire que nous réussirons dans cette œuvre de conciliation.

Tandis qu'au nord de l'Italie se passaient ces événements, de nouvelles commotions venaient au centre de la Péninsule compliquer la question.

En Toscane, le grand-duc avait quitté ses États. A Rome s'était accomplie une révolution qui avait vivement ému le monde catholique et libéral : en effet, depuis deux ans on était habitué à voir sur le saint-siége un pontife qui prenait l'initiative des réformes utiles, et dont le nom, répété dans des hymnes de reconnaissance, d'un bout de l'Italie à l'autre, était le symbole de la liberté et le gage de toutes les espérances, lorsque tout à coup l'on apprit avec étonnement que ce souverain, naguère l'idole de son peuple, avait été contraint de s'enfuir furtivement de sa capitale.

Aussi, les actes d'agression qui obligèrent Pie IX à quitter Rome parurent-ils aux yeux de l'Europe être l'œuvre d'une conjuration, bien plus que le mouvement spontané d'un peuple qui ne pouvait être passé en un instant de l'enthousiasme le plus vif à l'ingratitude la plus affligeante.

Les puissances catholiques envoyèrent des ambassadeurs à Gaëte pour s'occuper des graves intérêts de la papauté. La France devait y être représentée ; elle écouta tout sans engager son action ; mais, après la défaite de Novare, les affaires prirent une tournure plus décidée, l'Autriche, de concert avec Naples, répondant à l'appel du Saint-Père, notifie au Gouvernement français qu'il eût à prendre un parti, car ces puissances étaient décidées à marcher sur Rome pour y rétablir purement et simplement l'autorité du pape.

Mis en demeure de nous expliquer, nous n'avions que trois moyens à adopter :

Ou nous opposer par les armes à toute espèce d'intervention, et, en ce cas, nous rompions avec toute l'Europe catholique pour le seul intérêt de la république romaine, que nous n'avions pas reconnue ;

Ou laisser les trois puissances coalisées rétablir à leur gré et sans ménagement l'autorité papale ;

Ou bien, enfin, exercer de notre propre mouvement une action directe et indépendante.

Le Gouvernement de la République adopta ce dernier moyen.

Il nous semblait facile de faire comprendre aux Romains que, pressés de toutes parts, ils n'avaient de chances de salut qu'en nous ; que si notre présence avait pour résultat le retour de Pie IX, ce souverain, fidèle à lui-même, ramènerait avec lui la réconciliation et la liberté ; qu'une fois à Rome, nous garantissions l'intégrité du territoire, en ôtant tout prétexte à l'Autriche d'entrer en Romagne. Nous pouvions même espérer que notre drapeau, arboré sans contestation au centre de l'Italie, aurait étendu son influence protectrice sur la Péninsule tout entière, dont aucune des douleurs ne peut nous trouver indifférents.

L'expédition de Civita-Vecchia fut donc résolue de concert avec l'Assemblée nationale, qui vota les crédits nécessaires. Elle avait toutes les chances de succès : les renseignements reçus s'accordaient à dire qu'à Rome, excepté un petit nombre d'hommes qui s'étaient emparés du pouvoir, la majorité de la population attendait notre arrivée avec impatience ; la simple raison devait faire croire qu'il en était ainsi, car, entre notre intervention et celle des autres puissances, le choix ne pouvait pas être douteux.

Un concours de circonstances malheureuses en décida autrement : notre corps expéditionnaire, peu nombreux, car une résistance sérieuse n'était pas prévue, débarqua à Civita-Vecchia, et le gouvernement est instruit que s'il eût pu arriver à Rome le même jour, on lui en aurait ouvert les portes avec joie. Mais, pendant que le général Oudinot notifiait son arrivée au gouvernement de Rome, Garibaldi y entrait à la tête d'une troupe formée des réfugiés de toutes les parties de l'Italie, et même du reste de l'Europe, et sa présence, on le conçoit, accrut subitement la force du parti de la résistance.

Le 30 avril, six mille de nos soldats se présentèrent sous les murs de Rome. Ils furent reçus à coups de fusil ; quelques-uns même, attirés dans un piége, furent faits prisonniers. Nous devons tous gémir du sang répandu dans cette triste journée. Cette lutte inattendue, sans rien changer au but final de notre entreprise, a paralysé nos intentions bienfaisantes et rendu vains les efforts de nos négociateurs.

Au nord de l'Allemagne, l'insurrection avait compromis l'indépendance d'un État, l'un des plus anciens et des plus fidèles alliés de la France. Le Danemarck avait vu les populations des duchés de Holstein et Schleswig se révolter contre lui, tout en reconnaissant cependant la souveraineté du prince qui règne en ce moment. Le gouvernement central de l'Allemagne crut devoir décréter l'incorporation du Schleswig à la confédération, parce qu'une grande partie du peuple était de race allemande.

Cette mesure est devenue la cause d'une guerre acharnée.

L'Angleterre a offert sa médiation, qui a été acceptée. La France, la Russie, la Suède, se sont montrées disposées à appuyer le Danemark.

Des négociations ouvertes depuis plusieurs mois ont amené à cette conclusion, que le Schleswig formerait, sous la souveraineté du roi de Danemark, un état particulier. Mais, ce principe admis, on n'a pu s'entendre sur les conséquences qu'il fallait en tirer, et les hostilités ont recommencé. Les efforts des puissances que je viens de nommer tendent en ce moment à la conclusion d'un nouvel armistice, préliminaire d'un arrangement définitif.

Le reste de l'Allemagne est agité par de graves perturbations. Les efforts faits par l'Assemblée de Francfort en faveur de l'unité allemande ont provoqué la résistance de plusieurs des États fédérés, et amené un conflit qui, se rapprochant de nos frontières, doit attirer notre surveillance. L'empire d'Autriche, engagé dans une lutte acharnée avec la Hongrie, s'est cru autorisé à appeler le secours de la Russie. L'intervention de cette puissance, la marche de ses armées vers l'Occident, ne pouvaient qu'exciter à un haut degré la sollicitude du Gouvernement, qui a déjà échangé à ce sujet des notes diplomatiques.

Ainsi, partout en Europe, il y a des causes de collision que nous avons cherché à apaiser, tout en conservant notre indépendance d'action et notre caractère propre.

Dans toutes ces questions, nous avons toujours été d'accord avec l'Angleterre, qui nous a offert un concours auquel nous devons être sensibles.

La Russie a reconnu la République.

Le Gouvernement a conclu avec l'Espagne et la Belgique des traités de postes qui facilitent les communications internationales.

En Amérique, l'état de Montevideo s'est singulièrement modifié : d'après les renseignements de l'amiral qui commande dans ces parages nos forces navales, la population française a émigré d'une des rives du Rio de la Plata à l'autre. Ce déplacement de la population française doit nécessairement à l'avenir être pris en considération.

Enfin, messieurs les Représentants, si toutes nos négociations n'ont pas obtenu le succès que nous devions en attendre, soyez persuadés que le seul mobile qui anime le Gouvernement de la République, c'est le sentiment de l'honneur et de l'intérêt de la France.

Résumé.

Tel est, Messieurs, l'exposé sommaire de l'état actuel des affaires de la République. Vous voyez que nos préoccupations sont graves, nos difficultés grandes, et qu'il nous reste aujourd'hui, au-dedans comme au dehors, bien des questions importantes à résoudre. Fort de votre appui et de celui de la nation, j'espère, néanmoins, m'élever à la hauteur de la tâche, en suivant une marche nette et précise.

Cette marche consiste, d'un côté, à prendre hardiment l'initiative de toutes les améliorations, de toutes les réformes qui peuvent contribuer au bien-être de tous, et, de l'autre, à réprimer, par la sévérité des lois devenues nécessaires, les tentatives de désordre et d'anarchie qui prolongent le malaise général. Je ne bercerai pas le peuple d'illusions et d'utopies qui n'exaltent les imaginations que pour aboutir à la déception et à la misère. Partout où j'apercevrai une idée féconde en résultats pratiques, je la ferai étudier, et, si elle est applicable, je vous proposerai de l'appliquer.

La principale mission du Gouvernement républicain, surtout, c'est d'éclairer le peuple par la manifestation de la vérité, de dissiper l'éclat trompeur que l'intérêt personnel des partis fait briller à ses yeux. Un fait malheureux se retrouve à chaque page de l'histoire : c'est que plus les maux d'une société sont réels et patents, plus une minorité aveugle se lance dans le mysticisme des théories.

Au commencement du XVIIe siècle, ce n'était pas pour le triomphe des idées insensées de quelques fanatiques, prenant la Bible pour texte et pour excuses de leurs folies, que le peuple anglais lutta pendant quarante ans, mais pour la suprématie de sa religion et le triomphe de sa liberté.

De même, après 89, ce n'était pas pour les idées de Babœuf ou de tel autre sectaire que la société fut bouleversée, mais pour l'abolition des priviléges, pour la division de la propriété, pour l'égalité devant la loi, pour l'admission de tous aux emplois.

Eh bien! encore aujourd'hui ce n'est pas pour l'application de théories inapplicables ou d'avantages imaginaires que la révolution s'est accomplie, mais pour avoir un gouvernement qui, résultat de la volonté de tous, soit plus intelligent des besoins du peuple et puisse conduire, sans préoccupations dynastiques, les destinées du pays.

Notre devoir est donc de faire la part entre les idées fausses et les idées vraies qui jaillissent d'une révolution ; puis, cette séparation faite, il faut se mettre à la tête des unes et combattre courageusement les autres. La vérité se trouvera en faisant appel à toutes les intelligences, en ne repoussant rien avant de l'avoir approfondi, en adoptant tout ce qui aura été soumis à l'examen des hommes compétents et qui aura subi l'épreuve de la discussion.

D'après ce que je viens d'exposer, deux sortes de lois seront présentées à votre approbation, les unes pour rassurer la société et réprimer les excès, les autres pour introduire partout des améliorations réelles; parmi celles-ci j'indiquerai les suivantes :

Loi sur les institutions de secours et de prévoyance, afin d'assurer aux classes laborieuses un refuge contre les conséquences de la suspension des travaux, des infirmités et de la vieillesse;

Loi sur la réforme du régime hypothécaire : il faut qu'une institution nouvelle vienne féconder l'agriculture, en lui apportant d'utiles ressources, en facilitant ses emprunts;

elle préludera à la formation d'établissements de crédit à l'instar de ceux qui existent dans les divers États de l'Europe;

Loi sur l'abolition de la prestation en nature;

Loi sur la subvention en faveur des associations ouvrières et des comices agricoles;

Loi sur la défense gratuite des indigents, qui n'est pas suffisamment assurée dans notre législation. La justice, qui est une dette de l'État, et qui par conséquent est gratuite, se trouve environnée de formalités onéreuses qui en rendent l'accès difficile aux citoyens pauvres et ignorants. Leurs droits et leurs intérêts ne sont pas assez protégés; sous l'empire de notre Constitution démocratique, cette anomalie doit disparaître;

Enfin, une loi est préparée ayant pour but d'améliorer la pension de retraite des sous-officiers et soldats, et d'introduire dans la loi sur le recrutement de l'armée les modifications dont l'expérience a démontré l'utilité.

Indépendamment de ces projets, vous aurez à vous occuper des lois organiques que la dernière Assemblée n'a pas eu le temps d'élaborer et qui sont le complément nécessaire de la Constitution.

Ce qui précède suffit, Messieurs, je l'espère, pour vous prouver que mes intentions sont conformes aux vôtres. Vous voulez, comme moi, travailler au bien-être de ce peuple qui nous a élus, à la gloire, à la prospérité de la Patrie; comme moi, vous pensez que les meilleurs moyens d'y parvenir ne sont pas la violence et la ruse, mais la fermeté et la justice. La France se confie au patriotisme des membres de l'Assemblée; elle espère que la vérité, dévoilée au grand jour de la tribune, confondra le mensonge et désarmera l'erreur. De son côté, le Pouvoir exécutif fera son devoir.

J'appelle sous le drapeau de la République et sur le terrain de la Constitution tous les hommes dévoués au salut du pays; je compte sur leur concours et sur leurs lumières pour m'éclairer, sur ma conscience pour me conduire, sur la protection de Dieu pour accomplir ma mission.

Recevez, Messieurs, l'assurance de ma haute estime.

LOUIS-NAPOLÉON BONAPARTE.

Élysée-National, le 6 juin 1849.

11 *juin.*—Décret du Président de la République qui réunit dans les mains du général Changarnier le commandement des gardes nationales de la Seine au commandement des troupes de la 1re division militaire.

13 *juin.*—Une minorité factieuse, au sein même de l'Assemblée législative, fait un appel à l'insurrection, à la guerre civile.

En présence de cette manifestation, le Gouvernement prend les mesures les plus énergiques. Le général en chef Changarnier fait les dispositions les plus propres à réprimer promptement toute tentative de désordre. En effet, grâce à ses combinaisons stratégiques savamment calculées et rapidement exécutées, les factieux, dès qu'ils paraissent, sont aussitôt repoussés, dispersés, mis en fuite, et, en un instant, tout Paris se trouve enveloppé dans un réseau complet de défense. Les barricades qui s'élèvent sur quelques points sont aussitôt détruites que formées.

On sait quelle fut la conduite du Président durant cette triste journée. Informé des projets des conspirateurs, il adressa à la population parisienne cette proclamation :

LE PRÉSIDENT DE LA RÉPUBLIQUE.

Au peuple français.

Quelques factieux osent encore lever l'étendard de la révolte contre un Gouvernement légitime, puisqu'il est le produit du suffrage universel. Ils m'accusent d'avoir violé la Constitution, moi qui ai supporté depuis six mois, sans en être ému, leurs injures, leurs calomnies, leurs provocations. La majorité de l'Assemblée est le but de leurs outrages. L'accusation dont je suis l'objet n'est qu'un prétexte, et la preuve, c'est que ceux qui m'attaquent me poursuivaient déjà avec la même haine, la même injustice, alors que le peuple de Paris me nommait Représentant et le peuple de la France Président de la République.

Ce système d'agitation entretient dans le pays le malaise et la défiance, qui engendrent la misère; il faut qu'il cesse. Il est temps que les bons se rassurent et que les méchants tremblent. La République n'a pas d'ennemis plus implacables que ces hommes qui, perpétuant le désordre, nous forcent de changer la France en un vaste camp, nos projets d'amélioration et de progrès en des préparatifs de lutte et de défense.

Élu par la nation, la cause que je défends est la vôtre, c'est celle de vos familles comme celle de vos propriétés, celle du pauvre comme du riche, celle de la civilisation tout entière. Je ne reculerai devant rien pour la faire triompher.

Louis-Napoléon BONAPARTE.

3 *juill.*—Entrée des Français à Rome.

Le Président de la République adresse à ce sujet la lettre suivante à M. le général Oudinot :

Le Président de la République au général en chef de l'armée de la Méditerranée.

« Mon cher Général,

« Je suis heureux de pouvoir vous féliciter du résultat que vous avez obtenu en entrant à Rome, malgré la vive résistance de ceux qui s'y défendaient. Vous avez maintenu le prestige qui s'attachait à notre drapeau. Je vous prie de faire connaître aux généraux qui sont sous vos ordres, et aux troupes en général, combien j'ai admiré leur persévérance et leur courage. Les récompenses que vous porte votre aide-de-camp sont bien méritées, et je regrette de ne pouvoir les remettre moi-même. J'espère que l'état sanitaire de votre armée se maintiendra aussi bon qu'il est aujourd'hui, et que bientôt vous pourrez revenir en France avec honneur pour nos armes et avec bénéfice pour notre influence en Italie. Recevez, mon cher général, l'assurance de mes sentiments d'estime et d'amitié.

« Louis-Napoléon BONAPARTE. »

6 *juill.*—Inauguration du chemin de fer de Paris à Chartres.

Louis-Napoléon répond au toast, qui lui est porté par le maire de la ville de Chartres, par ce discours :

« Je remercie M. le maire des paroles qu'il vient de prononcer, et je porte un toast à la ville de Chartres où je reçois un accueil si bienveillant et si empressé.

« Je suis heureux de visiter cette ville qui rappelle deux grandes époques, deux grands souvenirs de notre histoire.

« C'est à Chartres que saint Bernard vint prêcher la deuxième croisade, magnifique idée du moyen âge, qui arracha la France aux luttes intestines et éleva le culte de la foi au-dessus du culte des intérêts matériels.

« C'est aussi à Chartres que fut sacré Henri IV ; c'est ici qu'il marqua le terme de dix années de guerres civiles en venant demander à la religion de bénir le retour à la paix et à la concorde.

« Eh bien ! aujourd'hui c'est encore à la foi et à la conciliation qu'il faut faire appel : à la foi, qui nous soutient et nous permet de supporter toutes les difficultés du jour ; à la conciliation, qui augmente nos forces et nous fait espérer un meilleur avenir.

« Ainsi donc : A la foi ! à la conciliation ! à la ville de Chartres ! »

16 *juill.* — Voyage à Amiens. Le Président de la République va distribuer des drapeaux aux gardes nationaux du département de la Somme.

M. Porion, maire d'Amiens, a porté au Président de la République le toast suivant :

« A Monsieur le Président de la République française, à l'élu de six millions de suffrages qui a pris pour devise : Dieu, la famille et la propriété ! »

M. le Président s'est levé aussitôt et a prononcé le discours suivant :

« Messieurs,

« L'accueil flatteur et enthousiaste que je reçois aujourd'hui me touche profondément. J'ai fait si peu encore pour mon pays, que je suis à la fois fier et confus de cette ovation. Aussi je l'attribue bien plus à mon nom qu'à moi-même. Ce nom, la France le savait en me donnant ses suffrages, représentait non-seulement la conquête et la guerre, mais encore l'ordre et la paix. La ville d'Amiens, surtout, en était convaincue, elle qui, au milieu d'une conflagration européenne, avait vu dans ses murs, et dans la salle même où nous sommes, se signer ce fameux traité qui devait, en 1802, concilier les intérêts des deux nations les plus civilisées du monde.

« La seule idée de paix de l'Empire passera à la postérité sous le nom de la ville d'Amiens.

« C'est donc à ce souvenir que je reporte une réception vraiment triomphale.

« Vous voulez la paix, mais une paix glorieuse, fertile en bienfaits au dedans, en influence au dehors.

« A la paix ! à la ville d'Amiens ! »

20 *juill.* —Lettres adressées au maire de la ville d'Amiens et au préfet de ce département, accompagnant l'envoi d'une somme de 3,000 fr. destinée au bureau de bienfaisance pour le soulagement de la population nécessiteuse.

Paris, le 20 juillet 1849.

« Monsieur le Maire,

« Je n'ai pas assez exprimé à la population d'Amiens les

Inauguration du Chemin de fer de Sens.

sentiments dont m'a pénétré la réception qu'elle m'a faite. J'ai à cœur d'y suppléer aujourd'hui en vous priant de dire à ces braves citoyens, accourus de toutes parts, quel a été mon bonheur de me trouver ainsi l'objet empressé de leurs sympathies. Remerciez-les en mon nom; dites-leur que cet éclatant témoignage de leur dévouement est pour moi une obligation de plus de me consacrer tout entier à l'accomplissement de la tâche qui m'est confiée.

« Veuillez être, monsieur le Maire, mon organe auprès de ceux qui vous ont, à si juste titre, choisi pour leur premier magistrat.

« Recevez l'assurance de mes sentiments distingués.

« Louis-Napoléon BONAPARTE. »

Paris, le 20 juillet 1849.

« Monsieur le Préfet,

« L'accueil si sympathique que j'ai reçu à Amiens m'engage à vous écrire pour vous prier d'exprimer encore à la garde nationale et à la garnison la vive émotion que j'ai éprouvée au bruit de leurs acclamations.

« Soyez, je vous prie, l'interprète des sentiments qu'il ne m'a pas été permis de manifester autant que je l'aurais désiré. Dites en mon nom aux gardes nationales combien les témoignages animés de leur dévouement me sont précieux. J'y ai trouvé et la plus flatteuse approbation de ma conduite et l'encouragement le plus significatif à suivre la marche que je me suis tracée. Transmettez-leur l'expression de ma sincère reconnaissance.

« Faites aussi savoir aux régiments dont j'ai passé la revue que je n'avais pas besoin de la franche et loyale cordialité de leur accueil pour savoir à quel point je pouvais compter sur l'armée. Je les remercie de cette nouvelle preuve d'affection.

« Et vous, monsieur le Préfet, qui avez si bien contribué pour votre part à une réception dont le souvenir ne s'effacera jamais de ma mémoire, continuez à entretenir, avec l'excellent esprit qui anime le département de la Somme, l'espérance fondée de voir, par l'ordre et le travail, se réaliser bientôt un meilleur avenir.

« Croyez à mes sentiments distingués.

« Louis-Napoléon BONAPARTE. »

22 *juill.*—Visite de M. le Président de la République à la forteresse de Ham.

M. le maire porte un toast au Président de la République, qui y a répondu en ces termes :

« Monsieur le Maire,

« Je suis profondément ému de la réception affectueuse que je reçois de vos concitoyens. Mais, croyez-le, si je suis venu à Ham, ce n'est pas par orgueil, c'est par reconnaissance. J'avais à cœur de remercier les habitants de cette ville et des environs de toutes les marques de sympathie qu'ils n'ont cessé de me donner pendant mes malheurs.

« Aujourd'hui, qu'élu par la France entière, je suis devenu le chef légitime de cette grande nation, je ne saurais me glorifier d'une captivité qui avait pour cause l'attaque contre un gouvernement régulier. Quand on a vu combien les révolutions les plus justes entraînent de maux après elles, on comprend à peine l'audace d'avoir voulu assumer sur soi la terrible responsabilité d'un changement. Je ne me plains donc pas d'avoir expié ici, par un emprisonnement de six années, ma témérité contre les lois de ma patrie, et c'est avec bonheur que, dans les lieux mêmes où j'ai souffert, je vous propose un toast en l'honneur des hommes qui sont déterminés, malgré leurs convictions, à respecter les institutions de leur pays. »

29 *juill.*—Inauguration du chemin de fer de Tours à Angers.

Le Président de la République y prononce le discours suivant :

« Messieurs,

« En parcourant votre ville au milieu des acclamations de la population, je me demandais ce que j'avais fait pour mériter un accueil si flatteur, si enthousiaste.

« Ce n'est pas seulement parce que je suis le neveu de l'homme qui fit cesser toutes nos dissensions civiles que vous me recevez avec tant de bienveillance ; je ne puis faire pour vous ce que l'Empereur a fait ; je n'ai ni son génie, ni sa puissance ; mais ce qui explique vos acclamations, c'est que je représente ce système de modération et de conciliation qui a été inauguré par la République. Ce système, qui consiste à ancrer en France, non cette liberté sauvage qui permet à chacun de faire ce qu'il veut, mais la liberté des peuples civilisés, qui permet à chacun de faire ce qui ne peut pas nuire à la communauté.

« Sous tous les régimes il y aura, je le sais, des oppresseurs et des opprimés ; mais tant que je serai Président de la République, il n'y aura pas de parti opprimé.

4.

« Aucune ville mieux qu'Angers ne comprend, je crois, cette sage politique, et n'est plus dévouée à cette saine et sainte politique que nous voulons tous faire triompher.

« *A la ville d'Angers !* »

30 *juill.*—Départ du Président d'Angers pour se rendre à Nantes par la Loire.

Une députation envoyée par la ville de Nantes, en tête de laquelle étaient le préfet, le maire et six représentants de la Loire-Inférieure, était venue la veille, au devant du Président de la République, à Angers, sur un bateau à vapeur richement pavoisé.

Arrivée à deux heures dans la ville de Nantes.—Discours prononcé par le Président :

« Le voyage que j'ai fait pour venir ici auprès de vous restera profondément gravé dans mon cœur, car il a été fertile en souvenirs et en espoir. Ce n'est pas sans émotion que j'ai vu ce grand fleuve derrière lequel se sont réfugiés les derniers glorieux bataillons de notre grande armée ; ce n'est pas sans émotion que je me suis arrêté avec respect devant le tombeau de Bonchamp; ce n'est pas sans émotion qu'aujourd'hui, assis au milieu de vous, je me trouve en face de la statue de Cambronne. Tous ces souvenirs, si noblement appréciés par vous, me prouvent que, si le sort le voulait, nous serions encore la grande nation par les armes. Mais il y a une gloire tout aussi grande aujourd'hui, c'est de nous opposer à toute guerre civile et à toute guerre étrangère, et de grandir par le développement progressif de notre industrie et de notre commerce. Voyez cette forêt de mâts qui languit ici dans votre port, elle n'attend qu'une aide pour porter au bout du monde les produits de notre civilisation. Soyons unis, oublions toute cause de dissension, soyons dévoués à l'ordre et aux grands intérêts de notre pays, et bientôt nous serons encore la grande nation par les arts, par l'industrie, par le commerce. La ville de Nantes, qui me reçoit si bien aujourd'hui, est vivement intéressée dans cette question, car elle est destinée, par sa position, à atteindre le plus haut degré de prospérité commerciale. Je porte donc un toast à l'avenir de la ville de Nantes et à sa prospérité. »

31 *juill.*—Départ de Nantes pour Saumur.

Arrivée à Saumur à quatre heures du soir.—Le Président assiste au carrousel de l'école de cavalerie ; il distribue lui-même les récompenses aux vainqueurs. Le soir, au banquet qui lui est offert par la ville, il porte le toast suivant :

« De toutes les villes que j'ai traversées depuis que j'ai quitté Paris, Saumur n'est point la plus grande, mais elle n'est pas la moins importante ; car ce n'est pas seulement par son admirable position, par son commerce qu'elle se distingue, mais c'est encore par son patriotisme. Ce sentiment est entretenu par la célèbre école qui y est établie ; car, dans cet établissement où se forment de si bons officiers, on n'apprend pas seulement à monter à cheval, mais on acquiert ces habitudes de discipline, d'ordre et de hiérarchie qui constituent le bon soldat et aussi le bon citoyen. Ici l'esprit militaire est encore dans toute sa force, et, Dieu en en soit loué ! il n'est pas près de s'éteindre. N'oublions pas que cet esprit militaire est, dans les temps de crise, la sauvegarde de la patrie.

« Dans la première révolution, l'Empereur l'a dit, tandis qu'à l'intérieur tous les partis se décimaient et se déshonoraient réciproquement par leurs excès, l'honneur national s'était réfugié dans nos armées.

« Faisons donc tous nos efforts pour garder intact, pour développer encore cet esprit militaire ; car, croyez-le, si les produits des arts et des sciences méritent toute notre admiration, il y a quelque chose qui la mérite encore davantage, c'est la religion du devoir, c'est la fidélité au drapeau.

« *A la ville de Saumur et à son école militaire !* »

1er *août*.—Arrivée à Tours.—Revue de la garde nationale et des troupes. Visite à la colonie de Mettray. Banquet offert par la ville de Tours ; le Président prononce le discours suivant :

« Je dois remercier d'abord la ville de Tours de l'aimable accueil qu'elle m'a fait ; mais je dois dire aussi que les acclamations dont je suis l'objet me touchent bien plus qu'elles ne m'enorgueillissent. J'ai trop bien connu le malheur pour ne pas être à l'abri des entraînements de la prospérité. Je ne suis pas venu au milieu de vous avec une arrière-pensée, mais pour me montrer tel que je suis, et non tel que la calomnie veut me faire. On a prétendu, on prétend encore aujourd'hui à Paris que le Gouvernement médite quelque entreprise semblable au 18 brumaire. Mais sommes-nous donc dans les mêmes circonstances ? Les armées étrangères ont-elles envahi notre territoire ? La France est-elle déchirée par la guerre civile ? Y a-t-il 80,000 familles en émigration ? Y a-t-il 100,000 familles mises hors la loi par la loi des suspects ? Enfin, la loi est-elle sans vigueur et l'autorité sans force ? Non, nous ne sommes pas dans des conditions qui nécessitent de si héroïques remèdes. A mes yeux la France peut être comparée à un vaisseau qui, après avoir été ballotté par les tempêtes, a trouvé enfin une rade plus ou moins bonne, mais enfin où il a jeté l'ancre. Eh bien ! dans ce cas, il faut radouber le navire, refaire son lest, rétablir ses mâts et sa voilure, avant de se hasarder encore dans la pleine mer. Les lois que nous avons peuvent être plus ou moins défectueuses ; mais elles sont susceptibles de perfectionnements. Confiez-vous donc à l'avenir, sans songer ni aux coups d'Etat ni aux insurrections. Les coups d'Etat n'ont aucun prétexte, les insurrections n'ont aucune chance de succès ; à peine commencées, elles seraient immédiatement réprimées. Ayez confiance dans l'Assemblée nationale et dans vos premiers magistrats, qui sont les élus de la nation, et surtout comptez sur la protection de l'Etre suprême, qui encore aujourd'hui protége la France.

« Je termine en portant un toast à la prospérité de la ville de Tours ! »

11 *août*. — Voyage à Rouen.

Revue de la garde nationale et des troupes. Le Président visite les principaux établissements industriels. Fête splendide offerte par la ville. Le Président répond ainsi au toast qui lui est porté par le maire de Rouen :

« Messieurs,

« Plus je visite les villes principales de la France, et plus forte est ma conviction que tous les éléments de la prospérité publique sont renfermés dans ce pays.

« Qui est-ce qui empêche donc aujourd'hui notre prospérité de se développer et de porter ses fruits ? Permettez-moi de vous le dire : c'est que le propre de notre époque est de nous laisser séduire par des chimères au lieu de nous attacher à la réalité.

« Messieurs, je l'ai dit dans mon *Message* : « Plus les maux de la société sont patents, et plus certains esprits sont enclins à se jeter dans le mysticisme des théories.

« Mais, en réalité, de quoi s'agit-il? Il ne s'agit pas de dire : Adorez ce que vous avez brûlé, et brûlez ce que vous avez adoré pendant tant de siècles; il s'agit de donner à la société plus de calme et plus de stabilité; et, comme l'a dit un homme que la France estime et que vous aimez tous ici, M. Thiers : « Le véritable génie de notre époque consiste dans le simple bon sens. »

« C'est surtout dans cette belle ville de Rouen que règne le bon sens, et c'est à lui que je dois l'unanimité des suffrages du 10 décembre; car, Messieurs, vous m'avez bien jugé, en pensant que le neveu de l'homme qui a tant fait pour asseoir la société sur ses bases naturelles ne pouvait pas avoir la pensée de jeter cette société dans le vague des théories.

« Aussi, Messieurs, je suis heureux de pouvoir vous remercier des 180,000 votes que vous m'avez donnés. Je suis heureux de me trouver au milieu de cette belle ville de Rouen, qui renferme en elle les germes de tant de richesses... Et j'ai admiré ces collines parées des trésors de l'agriculture; j'ai admiré cette rivière qui porte au loin tous les produits de votre industrie.

« Enfin, je n'ai pas été moins frappé à l'aspect de la statue du grand Corneille. Savez-vous ce qu'elle me prouve? C'est que vous n'êtes pas seulement dévoués aux grands intérêts du commerce, mais que vous avez aussi de l'admiration pour tout ce qu'il y a de noble dans les lettres, les arts et les sciences.

« Messieurs, je bois à la ville de Rouen, et suis profondément reconnaissant de l'accueil que j'ai reçu aujourd'hui de vous. »

12 *août*.— Départ pour le Havre.

Le Président de la République y arrive à 2 heures après midi.

Etant souffrant, il n'assiste pas au banquet, mais il se présente un moment pour prononcer les paroles suivantes :

« Je regrette vivement, messieurs, de ne pouvoir vous remercier autant que je le voudrais de votre aimable accueil.

« Permettez-moi de porter en peu de mots un toast à la ville du Havre et à la prospérité de son commerce.

« La population de cette ville se convaincra chaque jour davantage qu'il n'y a pas de prospérité pour le commerce sans ordre et sans stabilité. Non, en dehors de l'ordre et de la stabilité, il ne peut y avoir de prospérité publique.

« Messieurs, je bois à la ville du Havre. »

13 *août*. — M. le Président de la République se rend à Elbeuf et à Louviers pour visiter les établissements industriels de ces deux villes. Le maire d'Elbeuf, en adressant un discours de félicitation au Président, lui rappelle qu'en 1802, Bonaparte, premier consul, avait, lui aussi, visité la ville d'Elbeuf, et que sa visite, dont le souvenir était resté gravé dans le souvenir des habitants, avait eu une heureuse influence sur l'avenir de cette ville.

Le Président de la République lui a répondu en ces termes :

« Messieurs,

« Je suis bien heureux de voir que la ville d'Elbeuf n'a pas oublié ce que mon oncle a fait pour le développement de son commerce et de son industrie.

« J'espère que ces deux sources de la richesse publique se développeront de plus en plus. Ce but est celui que mon Gouvernement a le plus à cœur d'atteindre.

« Permettez-moi, Messieurs, de porter un toast à la ville d'Elbeuf, à son industrie et à son commerce. »

Dans l'établissement de M. Victor Grandin, un ouvrier en blouse a harangué le Président en ces termes :

« Monsieur le Président,

« Vous n'aimez pas les discours, et nous, ouvriers, nous ne savons pas en faire. Votre désir et notre insuffisance cadrent à merveille. Permettez-nous seulement de vous exprimer en quelques mots, M. le Président, combien votre visite nous est précieuse, et de vous dire combien elle nous comble de joie.

« Au 10 décembre, nos ateliers étaient déserts, nos souffrances inouïes. La volonté nationale vous place à la tête de l'Etat, et cette heureuse inspiration ramène, avec l'ordre et la confiance, l'activité de l'industrie qui nous fait vivre. Le travail a déjà ramené parmi nous quelque bien-être : nous vous en rendons grâces, M. le Président, et nous espérons en vous pour l'avenir, car nous savons que notre sort vous touche et vous préoccupe vivement.

« En retour de ce que vous avez fait, de ce que vous

voulez faire encore, acceptez, M. le Président, notre profonde reconnaissance, et comptez, nous vous en prions, sur nos bras et sur nos cœurs. »

M. le Président a répondu :

« Je suis bien touché des paroles que vous venez de m'adresser au nom des ouvriers d'Elbeuf. Vous ne vous trompez pas en pensant que ma sollicitude est acquise à la classe ouvrière : mes efforts auront toujours pour objet d'améliorer sa position. »

18 *août*.—Le Président de la République adresse au lieutenant-colonel Edgard Ney, son officier d'ordonnance à Rome, la lettre suivante.

Elysée-National, le 18 août 1849.

Mon cher Ney,

La République française n'a pas envoyé une armée à Rome pour y étouffer la liberté italienne, mais, au contraire, pour la régler, en la préservant contre ses propres excès, et pour lui donner une base solide, en remettant sur le trône pontifical le prince qui, le premier, s'était placé hardiment à la tête de toutes les réformes utiles.

J'apprends avec peine que les intentions bienveillantes du Saint-Père, comme notre propre action, restent stériles, en présence de passions et d'influences hostiles. On voudrait donner comme base à la rentrée du pape la proscription et la tyrannie. Dites de ma part au général Rostolan qu'il ne doit pas permettre qu'à l'ombre du drapeau tricolore on commette aucun acte qui puisse dénaturer le caractère de notre intervention.

Je résume ainsi le rétablissement du pouvoir temporel du pape : *Amnistie générale, sécularisation de l'administration, Code Napoléon et gouvernement libéral.*

J'ai été personnellement blessé, en lisant la proclamation des trois cardinaux, de voir qu'il n'était pas même fait mention du nom de la France, ni des souffrances de nos braves soldats.

Toute insulte faite à notre drapeau ou à notre uniforme me va droit au cœur, et je vous prie de bien faire savoir que si la France ne vend pas ses services, elle exige au moins qu'on lui sache gré de ses sacrifices et de son abnégation.

Lorsque nos armées firent le tour de l'Europe, elles laissèrent partout, comme trace de leur passage, la destruction des abus de la féodalité et les germes de la liberté : il ne sera pas dit qu'en 1849, une armée française ait pu agir dans un autre sens et amener d'autres résultats.

Dites au général de remercier, en mon nom, l'armée de sa noble conduite. J'ai appris avec peine que, physiquement même, elle n'était pas traitée comme elle devrait l'être ; rien ne doit être négligé pour établir convenablement nos troupes.

Recevez, mon cher Ney, l'assurance de ma sincère amitié.

Louis-Napoléon BONAPARTE.

31 *août.*—Le Président de la République assiste au banquet donné par les exposants de l'industrie nationale dans le Jardin-d'Hiver. Au dessert, le président de la commis-

sion du banquet porte un toast au Président de la République, qui y répond par le discours suivant :

« Messieurs,

« Le véritable congrès de la paix n'était pas dans la salle Sainte-Cécile. Il est ici, c'est vous qui le composez, vous, l'élite de l'industrie française. Ailleurs on ne formait que des vœux, ici sont représentés tous les grands intérêts que la paix seule développe. Lorsqu'on a admiré comme moi tous ces prodiges de l'industrie étalés aux regards de la France entière, lorsqu'on pense combien de bras ont concouru à la production de ces objets, et combien d'existences dépendent de leur vente, on se console d'être arrivé à une époque à laquelle est réservée une autre gloire que celle des armes. En effet, aujourd'hui c'est par le perfectionnement de l'industrie, par les conquêtes du commerce qu'il faut lutter avec le monde entier; et dans cette lutte, vous m'en avez donné la conviction, nous ne succomberons pas. Mais aussi n'oubliez pas de répandre parmi les ouvriers les saines doctrines de l'économie politique; en leur faisant une juste part dans la rétribution du travail, prouvez-leur que l'intérêt du riche n'est pas opposé à l'intérêt du pauvre.

« Je vous remercie de la manière flatteuse dont vous appréciez mes efforts pour le bien public, et je porte un toast :

« *A la prospérité de l'industrie française!*
« *A ses honorables représentants!* »

3 *septembre*. — Inauguration du chemin de fer de Paris à Épernay, sur la ligne de Strasbourg.

Une fête magnifique est offerte au Président par la ville d'Épernay. Le banquet, servi sous une immense tente, offrait un coup d'œil imposant. Le maire de la ville porte un toast au Président, qui répond par le discours suivant :

« Messieurs,

« L'inauguration d'un chemin de fer est toujours une fête nationale à laquelle je suis heureux de m'associer ; mais l'inauguration du chemin de fer de Paris à Strasbourg est à mes yeux un événement important à cause des lieux qu'il traverse.

« En effet, en voyant Château-Thierry, La Ferté, Épernay, on se retrace les dernières et héroïques luttes de l'Empire contre l'Europe coalisée ; et je me suis dit que si ce chemin de fer eût existé à cette époque, si l'empereur Napoléon eût connu la vapeur, jamais nous n'aurions vu les étrangers envahir la capitale de la France.

« Honneur donc aux chemins de fer ! puisque dans la paix ils développent la prospérité commerciale, et que pendant la guerre ils concourent à fortifier l'indépendance de la patrie. Honneur aussi à la ville d'Épernay, qui a conservé intacts les sentiments de patriotisme et de nationalité !

« *A Épernay!* »

9 *sept.*—Inauguration du chemin de fer de Paris à Sens.

Le Président de la République s'arrête successivement à Brunoy, à Melun, à Fontainebleau, à Montereau, où il passe en revue la garde nationale et les troupes ; enfin il arrive à Sens, où lui est faite la réception la plus brillante.

Le Président prononce dans cette ville le discours suivant :

« Messieurs,

« Il y a un an, à pareille époque, j'étais exilé, proscrit ; si j'eusse voulu mettre le pied sur le territoire français, on m'en eût interdit l'entrée. Aujourd'hui je suis le chef reconnu de la grande nation.

« Qui a produit ce changement dans ma destinée ? C'est vous, c'est le département de l'Yonne tout entier, qui, en m'élisant représentant du peuple, m'a rappelé dans mon pays.

« Vous avez pensé, Messieurs, que mon nom serait utile à la France ; vous vous êtes dit qu'étranger à tous les partis, je n'étais hostile à aucun, et qu'en réunissant sous le même drapeau tous les hommes dévoués à notre patrie, je pourrais servir de point de ralliement dans un moment où les partis semblaient acharnés les uns contre les autres.

« Le département de l'Yonne a donné l'exemple, exemple qui a été suivi, qui a été contagieux, puisque plus tard la France m'a donné six millions de suffrages.

« Il y a longtemps que je désirais me trouver au milieu de vous. Je désirais voir de mes yeux ceux dont les suffrages sont venus les premiers me chercher sur la terre étrangère.

« Je ne vous remercie pas de m'avoir donné le pouvoir. Le pouvoir est un lourd fardeau. Ce dont je vous remercie, c'est de m'avoir ouvert les portes de ma patrie.

« Messieurs, j'aurais voulu pouvoir aller jusqu'à Tonnerre, où j'aurais été plus au centre du département, pour lui témoigner toute ma reconnaissance ; mais le temps m'a manqué. Je le regrette vivement.

« Permettez-moi donc, Messieurs, de porter un toast,

non-seulement à la ville de Sens, mais au département de l'Yonne tout entier.

« Croyez que je serai toujours digne de la confiance que vous m'avez témoignée d'une manière si touchante.

« *A la ville de Sens! au département de l'Yonne tout entier!* »

15 *sept*. — Distribution par le Président des récompenses décernées aux artistes, à la suite de l'exposition de 1849.

A cette occasion, il prononce le discours suivant :

« Messieurs,

« Je n'ai voulu céder à personne le plaisir et le droit de vous remettre les récompenses qui vous sont dues. La plus douce prérogative du Pouvoir, c'est d'encourager le mérite partout où il le rencontre.

« J'ai admiré les chefs-d'œuvre que vous avez offerts au public, cette année, dans l'exposition de peinture et de sculpture, et je suis heureux de constater les beaux résultats obtenus par les artistes français, malgré l'agitation politique qui a dû les préoccuper et prendre leurs loisirs.

« J'espère que l'exposition de l'année prochaine sera plus belle encore que celle-ci. L'empereur disait à ses soldats qu'ils n'avaient rien fait tant qu'il restait quelque chose à faire. Redoublez donc aussi d'efforts pour contribuer pour votre part à rehausser encore la gloire du nom français. Encourageons, honorons les beaux-arts, car ce sont eux qui adoucissent les mœurs, élèvent l'âme, consolent dans les mauvais jours et embellissent les jours prospères.

Installation de la Magistrature.

« Soyez assurés, Messieurs, que je suivrai toujours vos progrès avec la plus vive sollicitude, et comptez sur l'intérêt que m'inspirent vos nobles travaux. »

31 *oct.* —Le Président adresse à l'Assemblée législative le message suivant :

MESSAGE DU PRÉSIDENT DE LA RÉPUBLIQUE FRANÇAISE A L'ASSEMBLÉE LÉGISLATIVE.

« Monsieur le Président,

« Dans les circonstances graves où nous nous trouvons, l'accord qui doit régner entre les différents pouvoirs de l'État ne peut se maintenir que si, animés d'une confiance mutuelle, ils s'expliquent franchement l'un vis-à-vis de l'autre. Afin de donner l'exemple de cette sincérité, je viens faire connaître à l'Assemblée quelles sont les raisons qui m'ont déterminé à changer le ministère, et à me séparer d'hommes dont je me plais à proclamer les services éminents, et auxquels j'ai voué amitié et reconnaissance.

« Pour raffermir la République menacée de tant de côtés par l'anarchie ; pour assurer l'ordre plus efficacement qu'il ne l'a été jusqu'à ce jour ; pour maintenir à l'extérieur le nom de la France à la hauteur de sa renommée, il faut des hommes qui, animés d'un dévouement patriotique, comprennent la nécessité d'une direction unique et ferme, et d'une politique nettement formulée ; qui ne comprometttent le pouvoir par aucune irrésolution, qui soient aussi préoccupés de ma propre responsabilité que de la leur, et de l'action que de la parole. (Rumeurs diverses.)

« Depuis bientôt un an, j'ai donné assez de preuves d'abnégation pour qu'on ne se méprenne pas sur mes intentions véritables. Sans rancune contre aucune individualité, comme contre aucun parti, j'ai laissé arriver aux affaires les hommes d'opinions les plus diverses, mais sans obtenir les heureux résultats que j'attendais de ce rapprochement. Au lieu d'opérer une fusion de nuances, je n'ai obtenu qu'une neutralisation de forces. L'unité de vues et d'intentions a été entravée, l'esprit de conciliation pris pour de la faiblesse. A peine les dangers de la rue étaient-ils passés, qu'on a vu les anciens partis relever leurs drapeaux, réveiller leurs rivalités et alarmer le pays en semant l'inquiétude. Au milieu de cette confusion, la France, inquiète, parce qu'elle ne voit pas de direction, cherche la main, la volonté de l'élu du 10 décembre. Or, cette volonté ne peut être sentie que s'il y a communauté entière d'idées, de vues, de convictions entre le Président et ses ministres, et si l'Assemblée elle-même s'associe à la pensée nationale, dont l'élection du Pouvoir exécutif a été l'expression. (Bruit à gauche.)

« Tout un système a triomphé au 10 décembre.

« Car le nom de Napoléon est à lui seul tout un programme. Il veut dire : à l'intérieur, ordre, autorité, religion, bien-être du peuple; à l'extérieur, dignité nationale. C'est cette politique, inaugurée par mon élection, que je veux faire triompher avec l'appui de l'Assemblée et celui du peuple. Je veux être digne de la confiance de la nation en maintenant la Constitution que j'ai jurée. Je veux inspirer au pays, par ma loyauté, ma persévérance et ma fermeté, une confiance telle que les affaires reprennent et qu'on ait foi dans l'avenir. La lettre d'une Constitution a sans doute une grande influence sur les destinées d'un pays; mais la manière dont elle est exécutée en exerce peut-être une plus grande encore. Le plus ou moins de durée du Pouvoir contribue puissamment à la stabilité des choses, mais c'est aussi par les idées et les principes que le Gouvernement sait faire prévaloir que la société se rassure.

« Relevons donc l'autorité sans inquiéter la vraie liberté. Calmons les craintes en domptant hardiment les mauvaises passions et en donnant à tous les nobles instincts une direction utile. Affermissons le principe religieux sans rien abandonner des conquêtes de la révolution, et nous sauverons le pays malgré les partis, les ambitions et même les imperfections que nos institutions pourraient renfermer.

« Louis-Napoléon BONAPARTE. »

3 *novembre.*—Cérémonie d'institution de la magistrature au Palais-de-Justice par le Président de la République. Le vice-président de la République, les ministres, les membres du corps diplomatique, le Président, le bureau et la députation de l'Assemblée législative, le conseil d'Etat, les maréchaux, les amiraux, etc., etc., l'archevêque de Paris, et des députations des autres grands corps de l'Etat, assistent à cette cérémonie.

Le Président y prononce le discours suivant :

« Messieurs,

« Je suis heureux de me trouver aujourd'hui au milieu de vous et de présider une cérémonie solennelle qui, en reconstituant la magistrature, rétablit un principe qu'un égarement momentané a pu seul faire méconnaître. Aux époques agitées, dans les temps où les notions du juste et de l'injuste semblent confondues, il est utile de relever le prestige des grandes institutions et de prouver que certains principes renferment en eux une force indestructible. On aime à pouvoir dire : Les lois fondamentales du pays ont été renouvelées, tous les pouvoirs de l'Etat sont passés en d'autres mains, et cependant, au milieu de ces bouleversements et de ces naufrages, le principe de l'inamovibilité de la magistrature est resté debout. En effet, les sociétés ne se transforment pas au gré des ambitions humaines ; les formes changent, la chose reste. Malgré les tempêtes politiques survenues depuis 1815, nous ne vivons encore que grâce aux larges institutions fondées par le Consulat et l'Empire ; les dynasties et les chartes ont passé, mais ce qui a survécu et ce qui nous sauve, c'est la religion, c'est l'organisation de la justice, de l'armée, de l'administration.

« Honorons donc ce qui est immuable, mais honorons aussi ce qu'il peut y avoir de bon dans les changements introduits. Aujourd'hui, par exemple, qu'accourus de tous les points de la France, vous venez devant le premier magistrat de la République prêter un serment, ce n'est pas à un homme que vous jurez fidélité, mais à la loi. Vous venez ici, en présence de Dieu et des grands pouvoirs de l'Etat, jurer de remplir religieusement un mandat dont l'accomplissement austère a toujours distingué la magistrature française. Il est consolant de songer qu'en dehors des passions politiques et des agitations de la société, il existe un corps d'hommes n'ayant d'autre guide que leur conscience, d'autre passion que le bien, d'autre but que de faire régner la justice.

« Vous allez, Messieurs, retourner dans vos départements ; reportez-y la conviction que nous sommes sortis de l'ère des révolutions, et que nous sommes entrés dans l'ère des améliorations qui préviennent les catastrophes. Appliquez avec fermeté, mais aussi avec l'impartialité la plus grande, les dispositions tutélaires de nos Codes. Qu'il n'y ait jamais de coupables impunis, ni d'innocents persécutés. Il est temps, comme je l'ai dit naguère, que ceux qui veulent le bien se rassurent, et que ceux-là se résignent qui tentent de mettre leurs opinions et leurs passions à la place de la volonté nationale.

« En appliquant la justice dans la plus noble et la plus large acception de ce grand mot, vous aurez, Messieurs, beaucoup fait pour la consolidation de la République, car vous aurez fortifié dans le pays le respect de la loi, ce premier devoir, cette première qualité d'un peuple libre. »

11 *nov.*—Le Président de la République distribue, dans la salle des Pas-Perdus au Palais-de-Justice, les récompenses décernées à l'industrie nationale. Il prononce le discours suivant :

« Messieurs,

« En vous voyant recevoir le juste prix de ces travaux qui maintiennent la réputation industrielle de la France à la hauteur qui lui est due, je me disais : Elle n'a pas perdu le sentiment de l'honneur, cette nation où une simple distinction devient pour tous les mérites une ample récompense ; elle n'est pas dégénérée, cette nation qui, malgré ses bouleversements, alors qu'on croyait les ateliers déserts et le travail paralysé, est venue faire luire à nos yeux, comme une consolation et un espoir, les merveilles de ses produits.

« Le degré de civilisation d'un pays se révèle par les progrès de l'industrie comme par ceux des sciences et des arts. L'exposition dernière doit nous rendre fiers ; elle constate à la fois l'état de nos connaissances et l'état de notre société. Plus nous avançons, plus, ainsi que l'annonçait l'Empereur, les métiers deviennent des arts, et plus le luxe lui-même devient un objet d'utilité, une condition première de notre existence. Mais ce luxe qui, par l'attrait de séduisants produits, attire le superflu du riche pour rémunérer le travail du pauvre, ne prospère que si l'agriculture, développée dans les mêmes proportions, augmente les richesses premières du pays et multiplie les consommateurs.

« Aussi le soin principal d'une administration éclairée, et préoccupée surtout des intérêts généraux, est de diminuer le plus possible les charges qui pèsent sur la terre. Malgré les sophismes répandus tous les jours pour égarer le peuple, il est un principe incontestable qui, en Suisse, en Amérique, en Angleterre, a donné les résultats les plus avantageux : c'est d'affranchir la production et de n'imposer que la consommation. La richesse d'un pays est comme un fleuve; si l'on prend les eaux à sa source, on le tarit ; si on les prend, au contraire, lorsque le fleuve a grandi, on peut en détourner une large masse sans altérer son cours.

« Au Gouvernement appartient d'établir et de propager les bons principes d'économie politique, d'encourager, de protéger, d'honorer le travail national. Il doit être l'instigateur de tout ce qui tend à élever la condition de l'homme ; mais le plus grand bienfait qu'il puisse donner, celui d'où découlent tous les autres, c'est d'établir une bonne administration qui crée la confiance et assure un lendemain. Le plus grand danger peut-être des temps modernes vient de cette fausse opinion, inculquée dans les esprits, qu'un gouvernement peut tout, et qu'il est de l'essence d'un système quelconque de répondre à toutes les exigences, de remédier à tous les maux. Les améliorations ne s'improvisent pas, elles naissent de celles qui les précèdent : comme l'espèce humaine, elles ont une filiation qui nous permet de mesurer l'étendue du progrès possible et de le séparer des utopies. Ne faisons donc pas naître de vaines espérances, mais tâchons d'accomplir toutes celles qu'il est raisonnable d'accepter ; manifestons par nos actes une constante sollicitude pour les intérêts du peuple ; réalisons, au profit de ceux qui travaillent, ce vœu philanthropique d'une part meilleure dans les bénéfices et d'un avenir plus assuré.

« Lorsque, de retour dans vos départements, vous serez au milieu de vos ouvriers, affermissez-les dans les bons sentiments, dans les saines maximes, et, par la pratique de cette justice qui récompense chacun selon ses œuvres, apaisez leurs souffrances, rendez leur condition meilleure. Dites-leur que le Pouvoir est animé de deux passions également vives : l'amour du bien et la volonté de combattre l'erreur et le mensonge. Pendant que vous ferez ainsi votre devoir de citoyens, moi, n'en doutez pas, je ferai mon devoir de premier magistrat de la République. Impassible devant les calomnies comme devant les séductions, sans faiblesse comme sans jactance, je veillerai à vos intérêts, qui sont les miens, je maintiendrai mes droits, qui sont les vôtres. »

9 *décembre*.—M. le Président de la République assiste à un banquet qui lui est offert par le Président de l'Assemblée législative, à l'occasion de l'anniversaire du 10 décembre.

M. Dupin porte au Président de la République le toast suivant :

« A M. le Président de la République !

« A l'union des pouvoirs publics pour l'affermissement de l'ordre à l'intérieur et le maintien honorable de la paix et des bonnes relations avec les autres peuples ! »

M. le Président lui répond en ces termes :

« C'est d'un heureux augure pour la paix au dedans comme au dehors, de fêter le premier anniversaire du 10 décembre au milieu d'un grand nombre des membres de l'Assemblée et en présence du corps diplomatique. Entre l'Assemblée et moi, il y a communauté d'origine, communauté d'intérêts. Issus tous du suffrage populaire, nous aspirons tous au même but, le raffermissement de la société et la prospérité du pays. Permettez-moi donc de répéter le toast de votre Président :

« A l'union des pouvoirs publics ! »

« J'ajoute :

« A l'Assemblée !

« A son honorable Président ! »

10 *décembre*.—M. le Préfet de la Seine donne, à l'occasion de cet anniversaire, une fête dans les salons de l'Hôtel-de-Ville. M. le Président de la République y assiste. M. Berger porte le toast suivant :

« *A M. le Président de la République, à l'élu du 10 décembre !*

« L'année dernière, à pareil jour, la France avait à prendre une de ces résolutions qui exercent une si grande influence sur les destinées d'un peuple, et sont en même temps l'épreuve redoutable de la liberté.

« La France, libre et maîtresse d'elle-même, se recueillit; de ses quarante mille communes s'élevèrent d'innombrables groupes de citoyens, et un nom écrit à la même heure par 6 millions d'électeurs, unanimes à leur insu, fut ensuite accueilli par un immense acclamation.

« Bientôt après, le pays tout entier donnait une nouvelle sanction à ce grand acte, en nommant l'Assemblée dont les dignitaires entourent ici le premier magistrat de la République.

« C'est l'accord de ces deux grands pouvoirs, fondé sur le respect de la Constitution, qui seul peut maintenir le calme dont jouit la ville de Paris et lui rendre sa prospérité.

« Organe du corps municipal, je suis heureux de saluer cette double représentation de la souveraineté nationale qu'animent et l'amour du bien public et la volonté énergique de faire prévaloir l'ordre et la liberté.

« La France, M. le Président, vous a donné sa confiance sans la mesurer : vous y avez répondu par un dévouement sans bornes. Croyez-le bien, cette grande nation n'est ni oublieuse ni ingrate. Elle s'est souvenue au 10 décembre d'un nom qui était sa gloire et qui devenait alors son espérance ; elle se souviendra de vos efforts pour justifier cette attente et pour assurer le salut du pays. »

M. le Président de la République a répondu :

« Messieurs,

« Je remercie le corps municipal de m'avoir invité à

l'Hôtel-de-Ville et d'avoir fait distribuer aujourd'hui même de nombreux secours aux indigents. Soulager l'infortune était à mes yeux la meilleure manière de célébrer le 10 décembre.

« Je ne viens pas récapituler ici ce que nous avons fait depuis un an. Mais la seule chose dont je m'enorgueillisse, c'est d'avoir, grâce aux hommes qui m'ont entouré et qui m'entourent encore, maintenu la légalité intacte et la tranquillité sans collision.

« L'année qui commence sera, je l'espère, plus fertile encore en heureux résultats, surtout si, comme l'a dit M. le Préfet de la Seine, tous les grands pouvoirs restent intimement unis. J'appelle grands pouvoirs ceux élus par le peuple : l'Assemblée et le Président. Oui, j'ai foi dans leur union féconde ; nous marcherons au lieu de rester immobiles : car, ce qui donne une force irrésistible, même au mortel le plus humble, c'est d'avoir devant lui un grand but à atteindre et derrière une grande cause à défendre.

« Pour nous, cette cause, c'est celle de la civilisation tout entière.

« C'est la cause de cette sage et sainte liberté qui tous les jours se trouve de plus en plus menacée par les excès qui la profanent.

« C'est la cause des classes laborieuses, dont le bien-être est sans cesse compromis par ces théories insensées qui, soulevant les passions les plus brutales et les craintes les plus légitimes, feraient haïr jusqu'à la pensée même des améliorations.

« C'est la cause du Gouvernement représentatif, qui perd son prestige salutaire par l'acrimonie du langage et les lenteurs apportées à l'adoption des mesures les plus utiles.

« C'est la cause de la grandeur et de l'indépendance de

la France, car, si les idées qui nous combattent pouvaient triompher, elles détruiraient nos finances, notre armée, notre crédit, notre prépondérance, tout en nous forçant à dédéclarer la guerre à l'Europe entière.

« Aussi, jamais cause n'a été plus juste, plus patriotique, plus sacrée que la nôtre.

« Quant au but que nous avons à atteindre, il est tout aussi noble que la cause. Ce n'est pas la copie mesquine d'un passé quelconque qu'il s'agit de refaire, mais il s'agit de convier tous les hommes de cœur et d'intelligence à consolider quelque chose de plus grand qu'une charte, de plus durable qu'une dynastie : les principes éternels de religion et de morale en même temps que les règles nouvelles d'une saine politique.

« La ville de Paris, si intelligente, et qui ne veut se souvenir des agitations révolutionnaires que pour les conjurer, comprendra une marche qui, en suivant le sentier étroit tracé par la Constitution, permette d'envisager un vaste horizon d'espérance et de sécurité.

« On a dit souvent que, lorsqu'on parle honneur, il y avait écho en France. Espérons que lorsqu'on y parle raison, on trouvera un retentissement égal dans les esprits comme dans les cœurs des hommes dévoués avant tout à leur pays.

« Je propose un toast à la ville de Paris et au corps municipal. »

FIN.

www.ingramcontent.com/pod-product-compliance
Lightning Source LLC
LaVergne TN
LVHW050559090426
835512LV00008B/1239